자식의 은혜를 아는 부모

자녀에게 올바른 믿음과 비전을 전수하는 김동호 목사의 자녀교육

자식의 은혜를
아는 부모

김동호

규장

셀 수 없는 복 중에 첫 번째 복

2001년 4월 《자식의 은혜를 아는 부모》가 출판되었다. 꽤 많은 독자들의 사랑을 받고 절판되었다. 책을 출판할 때 우리 아이들은 우리 나이로 24살, 22살, 20살이었다. 이제 우리 아이들도 벌써 40대가 되었다. 감사하게도 잘 자라주었다.

내가 좋아하는 시편의 말씀을 나의 복으로 받았다.

"네 식탁에 둘러앉은 자식들은 어린 감람나무 같으리로다" (시 128:3).

"여호와께서 시온에서 네게 복을 주실지어다 너는 평생에 예루살렘의 번영을 보며 네 자식의 자식을 볼지어다 이스라엘에게 평강이 있을지로다"(시 128:5,6).

부모와 자식의 사이가 이보다 더 좋을 수 없는 복을 받았다. 형제간에 서로 화목하고 서로 위하는 것을 보며 사는 복을 받았다. 자식의 자식을 보았다. 지금 복중에 있는 아이까지 손주가 여섯이다. 자녀들이 다 예수를 잘 믿고 자기 일에 충실한 사람이 되었다.

자녀 복 외에도 셀 수 없는 많은 복을 받았다. 그러나 그 셀 수 없는 복 중에 첫 번째를 꼽으라면 자녀의 복을 나는 꼽겠다.

자녀를 사랑하지 않는 부모는 세상에 없다. 그러나 그렇다고 모든 부모와 자녀의 관계가 좋은 것은 아니다. 많은 부모들은 그 이유와 책임이 아이들에게 있다고 생각한다. 부모들은 자기들이 아이들을 사랑하기 때문에 문제는 자신들에게 있는 것이 아니라 말 안 듣는 아이들에게 있다고 생각한다.

나는 한 번도 그렇게 생각하지 않았다. 부모와 자녀의 관계가 좋지 않은 까닭의 대부분은 부모에게 있다. "문제아는 없다. 문제 부모가 있을 뿐이다"라는 말이 있다. 나는 그 말에 동의한다. 부모의 문제는 사랑하지 않음이 아니다. 무지함이다. 지혜 없는 무지한 사랑이 자식을 얼마나 힘들게 하는지 모른다.

암에 걸리고 투병 생활을 하면서 '김동호 목사 아카이브'라고 하는 유튜브 방송을 시작하였다. 매일 새벽 성경을 묵상하는 '날마다 기막힌 새벽'이 많은 호응을 받았다. 하나님이 감사하게도 건강을 회복시켜주셔서 그 유튜브 방송 안에 '비전 아카데미'를 만들고 첫 강좌로 '자식의 은혜를 아는 부모'를 강의하기로 하였다.

부모들이 자식을 교육하고 키우는 지식을 조금이라도 더 갖게 된다면 세상에 수많은 부모와 자식들의 사이가 좋아지고, 그로 말미암아 우리가 살아가는 세상이 좀 더 아름다워지고, 따뜻해지고, 행복해지리라는 생각이 들어서이다.

강의를 시작하면서 규장에서 이미 절판되었던 책의 개정판을 만들어주었다. 부족한 책이지만 다시 이 책을 읽는 사람들이 다 시편 128편의 복을 받았으면 좋겠다. 절판된 책을 다시 살려 생명을 불어넣어준 규장에 감사한다.

2022년 5월
김동호

무지한 자식사랑이 자식 잡는다!

세상에 천하보다 귀한 것이 있다면 그것은 생명이다. 예수님의 말씀처럼 온 천하를 얻고도 자기 생명을 잃으면 무슨 소용이 있겠는가? 참으로 생명은 천하보다 귀한 것임에 틀림이 없다. 그러나 그 천하보다 귀한 생명, 그 생명보다 귀한 것이 있다. 나는 그것을 자식이라고 생각한다. 자식은 정말 내게 천하보다 귀하고 내 생명보다 귀하다. 그것은 비단 나만의 마음이나 생각은 아니리라.

성경은 자식을 "여호와의 기업"(시 127:3)이라고 말씀하고 있다. 세상에 자식을 사랑하지 않는 부모는 아마 없을 것이다. 자식을 위해서라면 부모는 자기 생명도 아끼지 않는다. 그만큼 부모는 자식을 사랑한다. 그런데도 자녀들에게 가장 고통을 주는 사람이 있다면 그 일등이 아마 부모가 아닐까 하는 생각이 든다. 부모 때문에 행복한 자녀들도 많이 있다. 하지만 뜻밖에 이 세상에는 부모 때문에 고통받는 자녀들이 훨씬 더 많을 것이라고 생각한다.

도대체 그 이유가 무엇일까? 저들 부모는 자식을 사랑하지 않아서 그런가? 그렇지 않다. 세상에 자식을 사랑하지 않는 부모는 극히 예외적이며 비정상적인 몇몇 사람을 제외하면 없다. 자녀들에게 말할 수 없는 고통을 주는 부모들도 다 자녀를 사랑한다. 사실은 이것이 자녀들에게 더 큰 고통을 안겨준다. 자기에게 말할 수 없는 고통을 주는 부모들이 자식을 당신의 생명보다 더 귀히 여기며 사랑한다는 데 아이들의 고통이 있다.

　그러면 부모들이 자식을 사랑하는데도 자녀에게 원치 않는 고통과 불행을 주는 까닭은 무엇일까? 그것은 지식과 지혜가 부족하기 때문이다. 지식 없는 사랑이 때때로 생사람을 잡기 때문이다. 사랑만으로는 부족하다. 정말 사랑한다면 공부해야 한다. 사랑하는 법을 배워야 한다. 사랑하는 사람에 대해 배워야 한다. 무지한 사랑은 흔히 무례한 사랑으로 이어지기 쉽다. 그리고 그러한 사랑은 사랑하는 사람에게 깊은 상처를 주게 마련이다.

　자녀를 진정으로 사랑한다면 모든 부모들은 자녀교육과 자녀사랑을 공부해야 한다. 그런데 많은 부모들이 사랑을 공부하지 않는다. 자녀교육을 공부하지 않는다. 그냥 본능과 감정으로만 교육하려고 한다. 그래서 부모들이 자녀교육에 실패하고 있다. 그런데도 부모들은 그 원인이 자신에게 있는 줄을 알지 못한다. 그저 아이들이 삐뚤어지고 못돼서 그런다고 생각한다. 물론 아이들이 삐뚤어지고 못돼서 그런 경우도 있지만 그보다 훨씬 더 많은 경우, 부모들이 자녀와 자녀교육에 대하여 너무 무지하기 때문이라고 생각한다.

　2001년 1,2월에 기독교 텔레비전 방송국에서 12회에 걸쳐 자녀교육에 대한 특강을 했다. 세 아이를 키워오면서 내가 생각하고 느꼈던 것을 정리하여 강의했는데 이제 그 강의를 다시 책으로 꾸몄다. 원고를 정리하다보니 이번에도 역시 이미 나왔던 책에서 쓴 예화가 중복되는 것을 발견했다. 독자들 중에는 이 점을 필자의 불성실함으로 단정하시는 분들이 있는 것 같다. 하지만 꼭 그렇게만 생각하지 않았으면 좋겠다.

주부가 음식을 만들 때 이런 저런 요리를 만들기는 하지만 거기 들어가는 양념은 거의 한정되어 있는 것을 본다. 된장찌개를 만들 때도 된장, 고추장, 소금, 간장, 파, 마늘 같은 양념이 들어가고 김치찌개를 만들 때도 거의 비슷한 양념이 들어간다. 또 그런 것이 들어가야 음식이 되는 것이다. 된장찌개를 만들 때 사용했던 양념은 꼭 된장찌개를 끓일 때만 사용해야 하고 김치찌개를 끓일 때는 전혀 다른 양념을 사용해야 한다고 고집한다면 어떨까? 다른 음식을 만드는 일은 영영 요원하지 않을까?

설교와 강의도 마찬가지라고 생각한다. 가령 다른 주제라고 해도 그 주제를 설명하고 납득시키기 위해 다른 주제를 설명하느라 사용했던 양념(예화나 그 밖의 성경해석)을 다시 사용할 수 있다고 생각한다. 그러나 같은 양념을 사용했으니 그것은 다른 음식이 아니라 전에 만들었던 그 음식과 같은 음식이라고 할 수 있을까? 전에 사용했던 양념을 얼마나 다시 사용했나에 관심을 갖기보다 그 양념으로 새로 만들어내려 한 음식이 과연 어떤 음식인가에 먼저 관심을 갖는다면 훨씬 더 편하게 책을 읽을 수 있지 않을까 생각해본다.

이번 책은 기독교출판사가 아닌 일반출판사에서 출판해보면 어떻겠느냐는 제의를 받기도 했다. 하지만 이제까지 나의 책을 만드느라 늘 최선을 다해준 규장을 배신(?)하는 것 같아 도저히 그럴 수 없었다. 이번에도 믿음을 가지고 정성스럽게 책을 만들어준 규장에 감사한다. 언제나 느끼는 것이지만 규장의 직원들은 참 신실하다는 생각이 든다. 소명감을 가지고 열심히 일하는 저들에게 늘 감사하고 있다.

나의 이 책이 읽는 분들에게 조금이나마 도움이 되었으면 하는 바람이다.

차례

부록

PART 1

부모노릇, 발상을 전환하라

Chapter 1

노력 없이 좋은 부모 될 수 없다

마음의 예루살렘

아름답고 성공적인 삶을 위하여 우리가 소중히 여겨야 할 곳이 몇 군데 있다. 그것은 교회, 직장, 학교 같은 곳이다. 교회와 직장과 학교는 우리에게 너무나 중요한 곳이다. 교회생활과 직장생활 그리고 학교생활을 잘하지 못하고는 성공적인 삶을 살 수 없다. 교회가 중요하다. 교회를 사랑하여 교회를 중히 여기며 사는 사람은 지혜로운 사람이다. 그는 그 지혜로 아름다운 삶의 열매를 축복으로 받게 될 것이다.

　몇 해 전 구정 때였다. 오랜만에 어렸을 때 같이 교회에 다니던 친구들을 불러서 은퇴하신 할아버지 목사님 댁에 세배를 가기로 했다. 부부동반은 물론이고 아이들까지 전부 한 명도 빠짐없이 세배를 갔다. 오랜만에 한자리에 모인 친구들을 보면서 나는 매우 중요한 사실 한 가지를 발견했다. 그것은 나와 친구들 모두 복된 삶을 살고 있다는 것이었다. 모두들 직업상 성공했고 신앙도 좋아서 지금 섬기고 있는 교회에서 기둥 같은 역할을 감당하고 있었다. 그뿐만 아니다. 아이들도 하나같이 공부를 잘하고 교회생활도 잘했다. 부모와의 관계도 아주 원만해 보였다.

그때 내 마음속에 떠오르는 성경 구절 하나가 있었는데 그것은 시편 122편 6절의 "예루살렘을 사랑하는 자는 형통하리로다"라는 말씀이었다. 우리는 어렸을 때 교회를 무척 좋아했다. 좋아하는 정도가 아니라 정말 사랑했다.

우리가 다니던 교회는 산 중턱에 있어서 비만 좀 심하게 왔다 하면 교회로 올라가는 길이 패여 길이 거의 없어지다시피 하는 그런 교회였다. 그때는 집집마다 전화를 놓고 사는 때도 아니었다. 하지만 비가 많이 와서 교회 길이 패였겠다 싶은 날이면 친구들은 어김없이 새벽에 교회로 모였다. 학교도 가기 전에 가방을 싸들고 교회부터 와서 그 길을 다 메워놓고 학교에 가곤 했다.

식목일이 되면 우리는 으레 교회에 모여 나무를 심었다. 심을 나무가 없을 때는 이 나무를 뽑아다가 저쪽에 심고 저 나무를 뽑아다가 이쪽에 심으면서 "식목일(植木日)이 아니라 이목일(移木日)이다"라며 또 교회에서 하루를 보냈다.

그랬더니 하나님께서는 약속대로 나와 친구들 모두 형통하게 되는 복을 주셨다. "예루살렘을 사랑하는 자는 형통하리로다"라는 말씀의 증인이 되게 하신 것이다. 나는 교회를 사랑하고 중히 여기는 자는 시편 122편 6절의 축복을 받게 된다고 지금도 굳게 믿고 있다.

학교 유학은 가는데 교회 유학은 왜 못 가나

그런데 가끔 보면 교회는 가까운 교회가 좋은 교회라며 이사할 때마다 교회를 옮기는 사람들이 있다. 교회가 멀면 예배에 출석하는 일도 쉽지 않고 교회 봉사도 어렵기 때문이란다. 일리 있는 말이다. 그러나 나는 그 말에 전적으로 동의하지는 않는다. 그런 말을 하는 사람에게 내가 해주는 말이 있다.

"나는 서울대학교가 멀어서 가까운 대학에 가는 사람은 본 일이 없다."

교회를 정하고 그 교회 가까이 이사를 해야 한다. 그것이 옳은 일이다. 집부터 정하고 교회를 함부로 바꾼다든지 하는 것은 지혜로운 일이 아니다. 좋은 교회를 찾아야 한다. 자기에게 맞는 교회를 찾아야 한다. 그리고 할 수 있는 대로 그 교회 가까운 데로 이사해야 한다. 곧이 믿을지 모르지만 실제로 동안교회를 담임할 때 좋은 교회를 찾아 울산에서 서울로 이사를 온 교인이 있었다. 고등학생인 아이는 부모와 함께 동안교회를 다니기 위해 서울로 유학을 왔다. 사실이다. 나는 그것을 매우 자랑스럽게 생각한다.

이사를 올 수 없다면 멀더라도 좋은 교회를 찾아다녀야 한다. 물론 나도 우리 교회만 좋은 교회라고 생각하지는 않았다. 하지만 과거 강원도 속초와 전라도 광주에서 한 주도 빠짐없이 동안교회에 나오던 청년이 실제로 있었다. 매주 속초에서 올라오던 청년부부는 서울로 이사와서도 계속 교회에 출석했고, 전라도 광주에서 올라오던 청년은 미국으로 유학을 갔다. 아무래도 미국은 좀 멀었던지 유학을 간 청년은 거기서는 동안교회에 출석(?)하지 못했다. 물론 나도 그런 일이 지나치고 무리한 일이라고 알고 있다. 그러나 나는 교회를 그만큼 중히 여겨 그런 일을 한 사람들을 무조건 어리석다고 말하고 싶지는 않다. 교회는 그만큼 중요하기 때문이다.

성직자의 한계, 평신도의 가능성

그러나 교회보다 더 중요한 곳이 있다. 그곳은 직장이다. 나는 어떤 면에서는 직장이 교회보다 더 중요한 곳이라고 생각한다. 직장은 단순히 돈을 버는 곳이 아니라 우리가 사역을 해야 하는 사역지요 선교지기 때문이다. 사람들은 목사를 성직자(聖職者)라 부른다. 목사는 성직자가 맞다. 그러나 목사만 성직자는 아니다. 예수를 믿는 사람들이 종사하는 건전한 모든 직업은 다 성직이다. 목사라는 직(職)이 귀한 것은 사실이나 그렇다고 다른 직업보다 더 귀한 것은 아니다. 직업은 다 똑같이 귀하다. 그런 면에서 나는 목사도 직업이라고 생각한다.

여러 해 동안 외국어대학교 교수님들과 함께 성경공부를 한 적이 있다. 그런데 어느 교수님 한 분이 학교 게시판에 자신이 예수 믿는 교수라고 밝히고 함께 성경공부 할 학생을 모집한다는 광고를 써 붙였다. 그랬더니 30여 명의 학생들이 신청을 했다. 더욱이 놀라운 것은 교회에 한 번도 가보지 않은 학생이 9명이나 신청을 했다는 점이다.

만일 내가 외국어대학교 게시판에 '나는 외대 옆에 있는 동안교회의 목사입니다. 나와 함께 성경공부 할 사람은 오시오'라고 써 붙이면 과연 학생이 올까? 아마 오기는 올 거다. 몇십 명 정도는 올는지 모른다. 그러나 분명한 것은 예수를 아주 열심히 믿는 학생들이 올 거라는 거다. 교회를 한 번도 가보지 않은 학생이 올 가능성은 거의 없다. 저들은 아마 '저 양반 웃기네. 자기 교회나 열심히 하지, 왜 여기까지 와서 설쳐?'라며 비웃을지도 모른다.

　내가 이야기하려고 하는 것은 이것이다. 믿지 않는 대학생들에게 복음을 전하기에 유리한 직업은 목사인가 교수인가? 그것은 물론 교수이다. 목사는 교회에서 목회하기 좋은 직업이다. 교회 밖에 나가면 목사는 별로 힘이 없다. 영향력이 없다. 그러므로 목사만 성직자가 되면 땅끝까지 복음을 전하는 일은 거의 불가능할 것이다.

세상의 주연, 당신은 평신도

　이랜드에서 사역하셨던 방선기 목사님이 이런 말을 하시던 것을 들은 적이 있다.

　"선교를 위한 두 무대가 있다. 한 무대는 교회라는 무대이고 또 다른 무대는 세상이라는 무대이다. 교회라는 무대의 주연은 목사이고 교인은 조연이다. 그러나 세상이라는 무대의 주연은 교인이고 목사는 조연이다. 목사와 교인은 한 번의 주연과 한 번의 조연을 맡았으니 아주 평등하다."

　나는 방선기 목사님의 이 의견에 전적으로 동의한다.

　어떤 방송국의 부사장을 만난 적이 있었다. 그 분은 교회의 장로님이셨다. 그 장로님은 나와 함께 식사를 하면서 부사장

일이 얼마나 힘들고 어려운지 장로의 직무를 제대로 수행하기 어렵다며 부사장직을 사임할까 생각 중이라고 했다. 나는 큰 소리로 그 분에게 "장로직을 사표 내세요"라고 말씀드렸다. 그리고 앞에서 이야기한 두 무대 이야기를 해드렸다. 세상에 조연을 잘하기 위해 주연을 사표 내는 사람이 어디 있는가?

교인에게 교회는 조연을 감당하는 곳이고 세상과 직장은 주연을 감당하는 곳이다. 그러므로 교인에게는 교회보다 직장과 세상이 더 중요한 곳이다. 그동안 우리는 너무 교회만 중요한 곳이라고 강조해왔다. 물론 교회는 중요한 곳이다. 그러나 이제는 교인들에게 직장과 세상의 중요함을 가르쳐야 한다. 교인들이 세상과 직장을 중히 여기고 그곳에서 제사장 역할을 감당하게 될 때 교회도 건강해지고 세상도 아름다워질 것이다.

두 번만 속아봐라

직장만큼 중요한 곳이 있다. 그곳은 학교이다. 직장인에게는 직장이 중요한 것처럼 학생에게는 학교가 중요하다. 사람에게는 공부할 때와 일할 때가 있다. 공부할 때 공부하고 일할 때 일하는 것은 참으로 중요한 일이다. 공부도 안 하고 일도 안 한다면 그것도 문제가 되지만 그에 못지 않게 문제가 되는 것은 공부해야 할 때 일하고 일해야 할 때 공부하는 것이다.

사탄은 우리에게 공부해야 할 때 일하라고 유혹하고 일해야 할 때 공부하라고 유혹한다. 이렇게 사탄에게 두 번만 속으면 인생이 끝장난다.

나는 사탄에게 속아 공부해야 할 때 열심히 일했다. 교회 일을 참으로 열심히 했다. 공부는 나를 위해 하는 것이고 교회 일은 하나님을 위해 하는 것으로 알았다. 그래서 나는 하나님을 위해 나를 희생한다는 정신으로 열심히 일했다. 나는 나중에야 공부도 하나님을 위해 하는 것임을 알게 되었다. 공부하는 것과 일하는 것이 다 같이 하나님을 위한 일이요 둘 다 똑같이 중요하고 소중하다는 것을 참으로 뒤늦게 알게 된 것이다.

공부해야 할 때 공부하지 않고 일을 했더니 막상 중요한 일을 하려고 하자 실력이 뒷받침되지 않아 제대로 할 수 없게 되었다. 그때 그것이 하나님께 얼마나 죄송하던지….

나는 학생들에게 학생 때에 하나님과 하나님나라를 위해 열심히 공부하라고 권한다. 그리고 그것이 너희들이 해야 할 가장 중요한 일이라고 가르친다. 공부하다 죽으면 그건 순교라고 자신 있게 말한다. 나는 정말 그렇게 생각한다.

모름지기 학생이라면 교회도 중히 여겨야 하지만 학교를 더 중히 여겨야 한다. 학교와 공부를 소홀히 하면 훗날 하나님을 위하여 일할 때 최선을 다할 수 없게 된다는 점을 명심해야 한다.

왕은 열여덟 살, 결혼은 스무 살

　교회, 직장, 학교보다 중요한 곳이 있다. 그곳은 가정이다. 내게 교회는 교회이자 직장이다. 그러므로 나에게 교회는 다른 교인들의 직장과 교회를 합쳐놓은 것만큼 중요한 곳이다. 목회를 하면서 교회와 목회는 안정적인데 가정이 흔들릴 때가 있었고, 가정은 편안한데 교회와 목회가 힘들고 어려웠던 때도 있었다.

　교회와 목회가 힘들고 어려워도 가정이 안정되어 있으면 결국 교회와 목회에도 안정이 찾아왔다. 교회 안에서의 많은 어려움도 이겨낼 수 있었다. 그러나 반대로 교회와 목회는 안정적이나 가정이 흔들리면 나는 결국 목회와 교회까지 포기할 수밖에 없었다.

　가정이 안정되면 불안정한 교회와 직장도 곧 안정되고, 가정이 불안정하면 안정적이던 교회와 목회도 결국 불안하게 된다는 것을 나는 직접 경험했다. 그것은 모든 사람들이 다 마찬가지라고 생각한다. 여기서 우리는 가정이 얼마나 중요한 곳인지 알 수 있다.

과거 영국에는 다음과 같은 법이 있었다고 한다. 그것은 결혼할 수 있는 나이와 영국의 왕이 될 수 있는 나이를 정한 법이었다. 영국의 법은 결혼할 수 있는 나이를 스무 살로 정했고 영국의 왕이 될 수 있는 나이를 열여덟 살로 정했는데, 그것은 영국의 왕이 되는 것보다 한 아내의 남편이 되고 한 남편의 아내가 되어 가정을 이루는 일이 훨씬 더 중요하고 어렵다는 생각과 철학에서 나온 법이었다. 나는 영국이 그런 정신으로 세계를 주도하는 큰 나라가 되었으리라 생각한다.

그런 영국의 가정이 무너져내리는 것 같아서 안타깝다. 몇 년 전 영국에 갔을 때 유치원 어린이들이 제복을 입고 줄을 맞추어 길을 가는 모습을 본 적이 있었다. 나는 유난히 아이들을 좋아하는지라 한참을 서서 그 아이들을 바라보며 미소를 짓고 있었다. 그런 나의 모습을 지켜보고 있던 후배 목사가 이런 이야기를 들려주었다.

"저 아이들, 다 예뻐 보이지만 사실 알고 보면 불쌍한 아이들이 많습니다. 영국은 아시다시피 이제는 성적(性的)으로 매우 문란한 나라가 되어서 결혼하여 아이가 유치원에 다닐 때쯤 되면 상당수가 이혼합니다. 저 아이들 중 지금의 엄마 아빠가 모두 진짜 자기 엄마 아빠인 아이는 별로 많지 않을 거예요."

그 이야기를 듣고 참 마음이 많이 아팠다. 그리고 내 나라도 아니지만 영국에 대한 염려스런 마음이 들었다.

'가정이 무너지면 나라의 희망도 없는데….'

그런데 그게 어찌 영국만의 문제랴? 미국도 그렇고, 유럽도 그렇고, 지금 우리나라도 그렇지 않을까? 과학이 아무리 발달하고, 경제가 아무리 성장한다고 해도 가정이 무너지면 나라는 무너질 수밖에 없다.

왕은 열여덟 살만 되어도 될 수 있지만 결혼은 스무 살이 되어야만 할 수 있다고 했던, 가정과 결혼을 중시했던 과거 영국의 그 정신이 과학이 발달하고 경제가 발달한 지금에도 통하는 그런 세상이 되었으면 좋겠다.

애써 건축한 가정

하나님은 엿새 동안 힘써 에덴을 창조하시고 마지막 날에 그것을 아담에게 다 허락해주셨다. 그러나 아담은 행복해하지도 만족해하지도 않았다. 하나님은 아담이 외롭기 때문에 만족하지 못하고 있음을 아셨다. 그리고 아담을 위해 다시

하와를 만들어주셨다. 하와를 만나 가정을 이루게 된 후에야 아담은 비로소 행복할 수 있었다.

여기서 우리는 단순하지만 매우 중요한 사실을 알 수 있다. 가정이 없다면 에덴도 아무 의미가 없다, 가정은 에덴보다 중요하다는 것이다. 가정이 있어야 에덴도 에덴이 될 수 있다. 그것은 사실이다. 가정은 그만큼 중요한 것이다. 그러므로 가정을 소중히 여겨야만 한다. 어떤 의미에서 가정은 교회보다 직장보다 학교보다 더 중히 여겨야만 한다. 가정을 소중히 여기지 않는 것은 어리석은 일이다. 그런 사람은 절대로 행복한 삶을 영위할 수 없다.

그것이 하나님의 법칙이다. 그 가치를 알고 그 대가를 지불하는 사람에게 주시는 것이 하나님의 방식이다. 마태복음 7장 7절 이하에는 우리가 잘 아는 "구하라 찾으라 두드리라"는 말씀이 나온다. 그런데 바로 전절의 말씀을 보라. 다름 아닌 "거룩한 것을 개에게 주지 말며 너희 진주를 돼지 앞에 던지지 말라"는 말씀이다. 구하지 않아도 결국은 얻는다. 많은 문을 두드리지 않아도 결국 열리게 되어 있다. 나는 이제껏 살아오면서 구하지 않았는데도 얻었고 두드리지 않았는데도 문이 열려 들어가게 된 일이 많았다.

그러나 경험을 통해서 알게 된 것이 있다. 구하지 않고 얻은 것과 두드리지 않았는데도 열린 문은 결국 나에게 은혜가 되

지 못했다. 그것은 나에게 개에게 던져진 거룩한 것과 같았고
돼지 앞에 던져진 진주와 같았다. 내 나름대로 대가를 지불하
지 않고 얻은 것은 결국 내게 은혜가 되지 않았다.

꿈에 나올 정도로 신경 쓰는 것

우리는 대개 직장과 사업을 위해 많은 노력을 기울인다. 공
부하고 훈련받는다. 밤낮으로 그 생각만 한다. 아침에 일찍
일어나고 자리에 늦게 누우며 매순간 최선을 다한다. 많은 대
가를 지불한다. 우리가 이 살벌한 세상 속에서 살아남고 승리
할 수 있는 이유는 이렇게 최선을 다하고 정직하게 그 대가를
지불하며 살기 때문이다.

그것은 목사도 마찬가지이다. 목회에서 가장 중요하다고
할 수 있는 설교를 위해 목사들이 쏟는 열정과 노력은 세상 어
느 누구에게도 뒤지지 않는다. 나는 처음 교육전도사가 되어
아이들에게 설교를 할 때 그것이 얼마나 힘들었는지 모른다.
그러나 힘들다고 포기할 수 있는 성격의 것도 아니어서 정말
이지 하나님께 열심히 기도했다. 초등학교 1학년 아이들도 은
혜받을 수 있는 설교를 하게 해달라고 떼를 쓰듯 기도했다.
설교가 잘 되지 않아 아이들이 떠들기라도 하면 집에 돌아와

서 잠을 이룰 수 없었다. 소리도 지르고 울어도 보고 주먹으로 벽을 치기도 했다.

그렇게 안타까워하며 애를 쓰다보니 꿈에 설교가 생각나기 시작했다. 자나깨나 설교 생각만 하니 꿈에도 설교가 생각나기 시작한 것이다. 꿈에 기막힌 설교가 생각나기 시작했다. 그때부터 나는 머리맡에 메모지와 볼펜을 놓아두고 자기 시작했다. 꿈에 설교 생각이 나면 그냥 돌아 엎드려 눈을 감은 채 그 내용을 한 줄 적어두었다. 아침에 일어나 삐뚤삐뚤 써진 메모를 보면 어젯밤 꿈에 생각났던 설교가 그대로 기억이 났다. 그것을 타이핑하여 설교를 하면 정말 초등학교 1학년 아이들도 은혜를 받는 설교가 되곤 하였다.

나중에 들은 이야기인데 미국의 자동차 왕 헨리 포드도 침대 옆에 늘 메모지와 볼펜과 손전등을 놓고 잤다고 한다. 꿈에 자동차 설계에 대한 생각이 나면 그것을 적고 그리기 위하여 그렇게 했다는 것이다.

나는 그 이야기를 들으면서 사람 사는 것이 다 비슷하구나 하는 생각을 했다. 나는 그것이 대가를 지불하는 것이라고 생각한다. 그런 대가를 지불해야만 목사는 설교를 할 수 있고 사업가는 사업을 할 수 있다.

그러면 당신은 가정을 위하여 고민하다가 그 문제로 꿈을 꿔본 적이 있는가? 사랑하는 자녀들을 잘 양육하기 위해 고심하다가 그 문제로 꿈을 꿔본 적이 있는가? 좋은 부모가 되기 위해 당신은 얼마나 노력하고 수고하는가? 과연 당신은 세상에서 가장 중요한 자식을 위해 마땅히 지불해야 할 대가를 지불하며 살아가고 있는가?

직장생활과 사회생활의 성공을 위해 수고하고 노력하는 것의 십분의 일만 수고하고 노력한다면 반드시 가정생활에 성공할 것이다.

직장생활과 사회생활은 최선을 다한다 해도 실패하는 경우가 많다. 그러나 가정생활은 다르다. 우리가 조금만 신경 쓰고 마음 쓰며 노력하면 절대로 실패하지 않을 것이다. 그러나 분명히 알아두어야 할 것은 가정 귀한 줄 모르고 노력을 기울이지 않는다면 절대로 성공할 수 없다는 사실이다.

예전에 나의 설교를 담당했던 방송국 PD가 있다. 삼십 대 주부였는데 어느 날 그의 책상 위에 어떤 남자가 어린아이를 안고 있는 사진 액자가 눈에 띄었다. 남편이냐고 물었더니 그렇다고 한다. 그러고는 나에게 "우리 남편 못생겼죠?"라고 묻는다. 괜찮은데 왜 그러냐고 했더니 자기 남편이 잘 생기지 못했다고 자꾸 우겼다. 그래서 "그럼 왜 그렇게 못생긴 사람과 결혼을 했느냐?"고 물었다. 그랬더니 그때는 눈에 콩깍지가 씌어서 몰랐단다. 그런 다음 그 PD와 나 사이에는 이런 대화가 오갔다.

"그럼 지금은 그 콩깍지가 다 벗겨졌어요?"

"그럼요. 벌써 다 벗겨졌지요."

"어, 그거 벗겨지면 안 되는데…."

"목사님은 결혼하신 지 몇 년이나 되셨어요?"

"20년 좀 넘었어요."

"그런데 목사님은 아직도 콩깍지가 안 벗겨지셨어요?"

"그럼. 안 벗겨지기만 해? 더 씌웠지…."

나는 그날 방송을 마치고 돌아오면서 '내가 참 팔불출 같은 소리를 했구나' 하고 생각했다. 그러나 나는 그것으로 하나님께 진심으로 감사할 수 있었다. 왜냐하면 그것이 사실이기 때문이다.

결혼할 때가 최고로 행복했느냐?

언젠가 결혼주례를 하면서 나는 또 한번 팔불출 같은 소리를 했다. 주례사를 하면서 신랑과 신부에게 '내가 받은 복을 너희들도 받으라'고 이야기한 것이다. 내가 신랑 신부에게 해준 이야기는 이렇다.

"나도 결혼식 때 지금 이 앞의 신랑 신부 못지않게 행복했다. 양가 부모님들의 결사적(?)인 반대에도 불구하고 한 결혼이라 그런지 그때의 기쁨과 행복은 이루 말로 다할 수 없었다. 그렇지만 나는 그때보다 지금 더 행복하다. 나는 지금 결혼할 때보다 더 내 아내를 사랑하고 있으며 그것은 내 아내도 마찬가지이다. 신랑 신부도 내가 받은 복을 받기 바란다."

다행히 신랑 신부가 어리석은 이 사람의 주례사를 노망(?)났다 하지 않고 진지하게 받아주었다. 주례사를 새겨듣는 저들의 깊은 눈을 보고 나는 금세 이것을 알 수 있었다. 나는 지금이 훨씬 더 행복하다. 많은 사람들의 불행은 결혼식 때 가장 행복했다는 데 있다. 그러나 나는 그렇지 않다. 결혼식 때도 참으로 행복했다. 그러나 나는 지금이 훨씬 더 행복하다. 나는 지금보다 내일 더 행복할 것이다. 나는 내일보다 모레가 더 행복할 것이다.

자식에게 받은 상

아내가 주는 행복 못지않게 자식이 주는 행복 또한 대단히 크다. 나는 목회할 때 교회개혁에 대해 이야기하면서 나름대로 많이 힘들고 지쳐 있었다. 그때 큰아이로부터 메일 한 통을 받았다. 나를 격려하기 위해 보낸 메일이었는데 그것은 내 평생 잊을 수 없는 축복이 되었다. 나는 그 편지를 때마침 출판 준비 중이던 《생사를 건 교회개혁》의 에필로그에 적어놓았다. 그중 일부를 소개하려고 한다.

교회개혁의 문제를 처음 생각했을 때 너무 힘들고 어렵게 느껴져서 할 수만 있으면 모른 척하고 회피하려고 하였다. 그러나 결국 도망갈 수 없었다. 힘든 싸움을 나름대로 싸워야만 했다. 여러 번 어려운 고비도 있었지만 나름대로 고비를 잘 넘기고 여기까지 오게 되었다. 아직도 이 싸움은 끝나지 않았지만, 언제 이 싸움이 끝이 날는지 그것도 잘 알 수 없지만 이것이 하나님과 교회를 위한 일이라는 확신이 바뀌지 않는 한 나는 이 싸움을 포기하지 않을 것이다.

나는 월요일마다 포항에 있는 한동대학교에 내려가 '크리스천 베이직'이라는 제목의 강의를 한다. 나의 큰아이와 둘째아이가 한동대의 3학년과 2학년인데, 두 아이가 다 내 과목을 듣는다. 외부에서 많은 압력을 받아서 아주 힘들었던 주간에 학교에서 강의를 하고 올라왔더니 컴퓨터 메일에 큰아이가 보낸 편지가 올라와 있었다.

"아버지, 오늘 강의 정말 좋았습니다. 그리고 그런 아버지를 주신 하나님께 너무 감사했습니다. 하나님을 주인으로 모시려는 아버지의 치열한 삶의 투쟁이 너무 자랑스럽습니다. 저도 하나님 보시기에, 아버지 보시기에 자랑스러운 아들이 되도록 노력할게요. 올라가시는 길 안전하도록 기도할게요. 몸조심하시고요."

싸움은 아직도 끝나지 않았는데 상은 이미 다 받았다. 더 이상 바랄 상이 없는 최고의 상을 받았다. 내 아들이 나의 이 싸움을 '하나님을 주인으로 모시려는 치열한 삶의 투쟁'이라고 인정해주었다. 됐다. 그러면 됐다. 누가 뭐라든 난 이젠 아무 상관 없다. 이 이상의 상은 없다. 상은 다 받았다. 이제 하나님만 영광 받으시면 된다. 이제 하나님의 뜻만 이루어지면 된다. 나는 내 아들이 '하나님을 주인으로 모시려는 치열한 삶의 투쟁'이라고 인정해준 그 근사한 싸움에 정말 내 생명을 걸 것이다.

좋은 아버지는 그냥 되는 게 아니다

둘째가 군(軍)에 있을 때 내 얼굴 초상을 그려서 보내주었다. 그 그림에 둘째는 이런 글을 적어주었다.

"난 아버지가 좋고 자랑스러워요. 하지만 10년 후에는 아버지도 저 못지않게 아들이 좋고 자랑스러우실 거예요."

난 즉시 둘째에게 편지를 했다.

"10년 후가 아니라 지금도 난 네가 자랑스럽다."

나는 역시 못 말리는 팔불출인가보다. 나는 시도 때도 없이 《생사를 건 교회개혁》의 에필로그를 읽었다. 또 둘째가 그려준 그림을 컴퓨터 책상 유리판 밑에 두고는 컴퓨터 앞에 앉을 때마다 그 그림과 거기 써준 글을 읽었다. 그럴 때면 그렇게 행복하고 감사할 수 없다.

나는 정말 좋은 목사가 되고 싶었다. 나는 정말 훌륭한 목회를 하고 싶었다. 나는 그것을 위해 늘 꿈을 꾸고 늘 노력했다. 그러면서 같이 꾸는 꿈이 또 있다. 늙어가면서 아내를 더욱더 사랑하리라.

주례하면서 건방(?)떨던 그 삶을 끝까지 살리라는 꿈이다. 늙어가면서 세 아들들과 좋은 친구처럼 지낼 수 있었으면 좋겠다. 그 아이들의 아내들과도 친해져서 세상에서 가장 다정한 시아버지 며느리 사이가 되었으면 좋겠다. 손자들에게는 인기 있는 할아버지가 되었으면 좋겠다.

그것이 내가 포기할 수 없는 꿈과 기도이다. '어떻게 하면 그런 복을 받을 수 있을까?' 연구하고 공부하고 노력하고 기도할 것이다. 그리고 투자할 것이다.

그리고 기필코 그런 삶을 살 것이다. 그런 삶을 구하고 찾고 두드릴 것이다. 하나님은 약속대로 반드시 나에게 그와 같은 삶을 축복으로 주실 것이다. 나와 함께 모든 분들이 다 그런 복을 받았으면 좋겠다.

✏️ 자(子) 은(恩) 부(父) 수첩

- 교회, 학교, 직장도 중요하지만 가정이 더 중요하다. 이것은 우리의 경험이 입증하는 바이다.
- 가정이 붕괴하고 결혼이 깨지는 나라치고 세계적 리더십을 발휘하는 나라가 없다.
- 공짜는 없다! 좋은 아버지, 멋진 엄마 되는 것도 다 노력의 산물이다.
- 자식 농사처럼 힘든 것도 없지만 그것처럼 확실한 보람도 세상엔 없다.

📅 부모 역할 체크포인트

- 직장, 교회, 가정에서의 나의 의무와 역할에 대해 헷갈려하지 않는가?
- 나는 결혼할 당시보다 아내 혹은 남편을 지금 더 사랑하는가? 왜 사랑은 식게 마련이라고 생각하는가?
- 아름다운 가정을 위해 나는 지금 어떤 공부, 투자하고 있는가? 왜 좋은 가정을 세우기 위해서는 의식적인 노력이 필요한가?

오늘부터 이것만이라도

- 교회, 직장, 가정에서 균형 잡힌 삶을 살도록 점검하기
- 자녀양육의 기초는 아내 사랑, 남편 사랑! 구체적인 사랑 표현하기
- 자녀양육과 가정 건설에 관한 양서 한 권 읽기

Chapter 2

버릇없는 부모가 버릇없는 자식 만든다

길을 모르는 부모들에게

자녀를 바르게 양육하고 교육하는 것보다 더 중요한 일이 어디 있겠는가! 아무리 부부관계가 좋다고 해도 자녀교육에 실패한다면 그 가정은 절대로 행복할 수 없다. 이 사실을 모르는 사람은 세상에 아무도 없을 것이다. 자녀교육을 위해 수고하고 노력하지 않는 가정이 어디 있으랴. 우리나라만 해도 아주 특별한 몇몇 사람이나 가정을 제외하면 아마 거의 없을 것이다.

특별히 우리나라 사람들처럼 자녀교육에 열심인 사람들도 없다. 우리나라 사람들은 밥을 굶어도 자식교육은 시키는 사람들이다. 소를 팔면 농사를 지을 수 없을 때조차 우리네 부모들은 자녀를 공부시키기 위해 소를 팔고 쟁기질이며 지게꾼을 자처하고 나서곤 했다. 그래서 우리는 한때 대학을 상아 탑이라고 부르지 않고 우골탑(牛骨塔)이라고 불렀다. 자녀교육에 드는 사교육비라면 아마 세계에서 2등 하라면 서럽다고 할 것이다. 자녀교육을 위해서라면 정말 안 하는 것이 없고 못 하는 것이 없는 게 바로 우리 민족이다.

그런데도 자녀교육에 성공하여 자식 때문에 감사하며 행복하게 사는 가정은 생각처럼 많은 것 같지 않다. 집집마다 고민이 있다면 그것은 자식 문제이다. 자식이 속을 썩여 살맛이 안 난다는 사람이나 가정을 찾으면 그 수는 헤아릴 수 없이 많다.

세상 모든 일에 길이 있고 식이 있듯이 자녀교육에도 길이 있고 식이 있다. 그 길과 식을 무시하고 제 마음대로 하면 아무리 애를 써도 성공적인 자녀교육을 할 수 없는 것이다. 이제부터 우리는 세상에서 가장 중요한 가정 그리고 그 가정 중에서도 가장 중요한 자녀교육에 대한 문제를 함께 생각해보려고 한다.

무엇이 필요한가?

성공적인 자녀교육에서 가장 중요한 것이 있다면 과연 그것은 무엇일까? 나는 부모의 바르고 반듯한 교육자세라고 생각한다. 모든 것이 그렇듯 성공적인 자녀교육도 부모의 반듯한 교육자세에 그 성패가 달려 있다고 생각한다. 우리는 보통 '자세'라고 하면 아랫사람이 윗사람을 대할 때만 필요한 것으로 잘못 알고 있다. 그러나 그렇지 않다. 바른 자세는 윗사람이 아랫사람을 대할 때도 똑같이 중요하다. 하지만 이 점을 알고 있는 사람은 그다지 많지 않다.

대부분의 부모들이 자녀를 대하면서 자세에 그다지 신경을 쓰지 않는다. 그래서 부모들의 교육자세가 잘못된 경우가 많다. 많은 부모들이, 상상을 초월하는 헌신에도 불구하고 자녀교육에 실패하는 가장 중요한 이유는 바로 이 잘못된 교육자세 때문이라고 생각한다. 그런데도 부모들은 자신의 잘못된 자세는 모르고 자녀들만 탓한다. 자녀들이 나빠서 교육이 잘 되지 않는다고 생각하지만 사실은 그렇지 않다.

자녀들의 자세가 바르지 못하고 삐뚤 때 흔히 버릇없다는 표현을 쓴다. 요즘 버릇없는 자녀들이 점점 많아지는 것이 사실이다. 그러나 버릇없는 자녀만 문제가 되는 것은 아니다. 너무 파격적인 표현이 될 것 같아 약간은 조심스럽지만, 사실은 '버릇없는 자녀'보다 '버릇없는 부모'가 훨씬 더 문제라는 것을 알아야 한다. 성공적인 자녀교육을 원한다면 부모들은 무엇보다 먼저 자신들의 교육자세, 다시 말해서 자녀들을 대하는 자세에 대해 생각해보고 그것을 바르게 해야 한다. 그러면 틀림없이 자녀교육에 성공하게 될 것이다.

인격적 대우가 첫걸음

개인적으로 잘 아는 분이 있다. 그 분은 대학에서는 교수로 교회에서는 장로로 섬기는 분이다. 교수로 상당한 실력을 인정받아 국가의 큰 일을 감당하기도 했고 그 교회 담임목사의 존경을 받을 정도로 훌륭한 장로님이기도 하다. 어느 날 지방에서 공부를 하고 있던 장로님의 딸이 학기를 마치고 집으로 돌아왔다. 그런데 이게 웬 변고인가! 딸은 머리를 아주 샛노랗게 염색하고 돌아왔다. 아버지는 흥분하지 않고 조용히 딸을 불렀다. 그러나 아주 단호하게 다음과 같이 말했다고 한다.

"너는 열여덟 살이 넘었으니 집을 나가서 독립해도 된다. 독립해서 살면 머리도 네 마음대로 하고 살아도 된다. 그러나 내 집에서 나와 함께 사는 동안에는 내 말을 들어야 한다."

장로님의 딸은 한참 고민하더니 결국 아버지의 말대로 머리를 고쳤다고 한다. 당신이라면 이 일을 어떻게 생각하는가? 그 장로님이 하신 행동이 옳다고 생각하는가 아니면 잘못되었다고 생각하는가?

대부분의 부모들이 그렇게 생각하고 행동한다. 언젠가 나도 둘째에게 꼭 그렇게 이야기해본 적이 있었다. 그러나 지금은 그때 내 말과 행동이 잘못되었다고 생각하고 있다. 그때 둘째아이는 나에게 비겁하다고 했다. 경제적으로 자립할 준비가 되어 있지 않은 자신을 몰아붙여서 억지로 아버지 말에 따르게 하는 것은 비겁한 일이라는 것이다. 그리고 아버지에게 이런 말을 듣는 자신이 참으로 비참하다고 느낀다고 이야기했다.

나도 그때 내가 참으로 비겁하다고 생각했다. 아이에게 참 미안했다. 밥 먹여주고 용돈 주고 학비 대주고 옷까지 사주니 너는 무조건 내 말을 들어야 한다는 것은 너무 폭력적인 말이다.

그런 생각과 자세를 가지고 있는 부모라면 절대로 자녀교육에 성공할 수 없다. 부모가 자녀에게 돈을 주고 먹을 것을 주고 학비를 대주는 것은 너무나 당연한 일이다. 절대로 그 일을 가지고 권리 주장을 해서는 안 된다. 물론 부모는 자녀를 교육하고 훈계하고 가르칠 권한이 있다. 그것은 부모이기 때문에 그렇다. 부모이기 때문에 그런 권한이 있는 것이지 자녀를 먹이고 입히고 공부시켰기 때문에 그런 권한이 주어지는 것은 아니다.

머리를 노랗게 염색한 일은 정말 잘못이면 아이가 내 집에 있든 독립해서 살든 끝까지 그것은 옳지 않은 일이라고 이야기해야 한다. 내가 주는 돈으로 생활하면 내 말을 들어야 하고 내가 주는 돈으로 살지 않으면 네 맘대로 해도 된다는 식은 옳지 않다. 특히 내 돈을 받는 동안에는 무조건 내 말을 들어야 한다니 이것은 정말 옳지 않은 말이다. 내 아이의 말과 같이 이 말은 비겁하다. 그리고 그런 부모의 행동이 아이들을 비참하게 만들고 있다.

1/6의 권리

조금은 다른 이야기를 하려고 한다. 그것은 돈에 대한 이야기이다. 우리 집은 여섯 식구가 같이 살았다. 우리 부부와 어머니 그리고 아들 삼 형제가 함께 살았다. 그런데 돈은 나만 벌었다. 내가 교회에서 받는 월급으로 여섯 식구가 살았다. 하지만 내가 받은 돈이라고 해서 그 돈이 다 내 돈은 아니다. 가족은 그런 것이 아니다. 누가 벌었든 그 돈은 '내 돈'이 아니라 '우리 돈'이다. 그러므로 내가 받은 월급 중에 내 돈은 월급의 육분의 일뿐이라고 생각했다.

우리 식구는 각자 육분의 일씩 권한이 있다. 내 돈을 아이들이 쓰는 것이 아니라 자기 돈을 자기가 쓰는 것이다. 그러므로 내가 벌어온 돈을 네가 쓰고 있으니 내 돈을 쓰는 동안에는 무조건 내 말을 들어야 한다고 하면 잘못이다. 나는 재산도 마찬가지라고 생각한다. 우리 집 재산의 육분의 일이 내 것이다. 나는 아이들에게 육분의 일씩 재산을 나누어줄 참이다. 그것은 본디 내 것이 아니라 저들 것이기 때문이다.

나와 아내는 육분의 일씩 받은 재산을 가지고 노년을 보내려고 한다. 죽을 때는 그것을 자식에게 주지 않고 교회에 헌금하려고 한다. 나는 그것이 '유산 안 남기기'라고 생각한다. 나는 유산 안 남기기 운동을 하고 싶다. 그러나 그렇다고 해서 내가 번 돈이라고 아이들에게는 한 푼도 주지 않고 내 마음대로 교회에 다 바치지는 않을 것이다. 나는 절대로 아이들의 권한에 대하여 내가 권리 주장하는 일을 하지 않을 것이다. 그것을 주장한다면 그것은 이미 서로가 가족임을 포기하는 것이라고 생각하기 때문이다.

나는 아이들이 내 돈을 쓰는 것이 아니라 자기 돈을 쓰는 것이라고 생각하게 하려 한다. 그렇게 생각해야 공정하다고 생각한다. 그것이 바로 가족이다. 후일 내 아이가 벌어오는 돈을 쓰게 될 때에도 나는 내 아이 돈을 쓴다고 생각하지 않고 내 돈을 내가 쓴다고 생각하며 살고 싶다.

그런 생각을 한 후 실제로 아이들을 불러 놓고 그 이야기를 해주었다. 우리 집 재산이 얼마나 되는지도 알려주고 그중에 1/6은 내가 너희들에게 주는 것이 아니라 본시 너희들 것이라는 이야기도 해주었다. 아이들이 무척 좋아하였다. 1/6의 자기 지분(?)이 생긴 것 때문에도 좋아했겠지만, 아버지인 내가 그렇게 생각해준다는 것이 더 좋았던 것 같았다.

그런데 문제(?)가 생겼다. 다음 날 새벽기도회 때 기도를 하는데 하나님이 뜬금없이 나에게 '난?'이라고 말씀하셨다. 왜 자신의 몫은 없느냐는 말씀이었다. 하나님을 아버지라고 부르면서 왜 가족의 몫에서 하나님의 몫은 계산하지 않았느냐는 말씀이었고, 단단히 섭섭해하고 계신다는 것을 느낄 수 있었다.

'아버지라고 부르질 말든지, 부르겠으면 내 몫을 주든지⋯.'

즉시 아이들을 불러 그 이야기를 해주었다. 아이들이 모두 웃었다. 그리고 다시 몫은 수정하였다. 1/6이 아닌 1/7로.

그날 참 기뻤다. 하나님께 1/7의 몫을 떼어 드리는 것이 하나도 아깝지 않았다. 아이들 몫으로 1/7의 몫을 떼는 것이 하나도 아깝지 않은 것과 마찬가지로. 그날 나는 내가 정말 하나님을 아버지로 인정한다는 생각이 들었다. 그래서 기뻤다.

우리 집 재산은 우리 아버지로부터 상속받은 집이 가장 큰 부분이었다. 그 집을 팔아 경기도 용인에 땅을 사 두었는데, 그게 우리로서는 제법 큰 재산이 된 셈이었다. 그런데 살다 보니 하나님이 또 우리에게 복을 주셔서 부모님께 받은 그 재산 없이도 살 만큼 되었다는 것을 알게 되었다. 학교 수위를 하시면서 하나밖에 없는 아들에게 가난을 상속하지 않기 위하여 정말 안 입고, 안 먹고 하시면서 마련하신 재산이었다.

그 돈을 쓰고 싶지 않았다. 부모님을 기억하고 기념하여 뜻있게 쓰고 싶었다. 그래서 조심스럽게 아이들에게 의견을 물었다. 그 몫을 다 하나님께 드리면 어떻겠냐고. 감사하게도 아이들이 흔쾌히, 정말 흔쾌히 동의해주었다.

그래서 그 땅을 팔아 PPL(Peace & People Link)이라는 사회복지 법인을 세워서 지금까지 잘 운영해오고 있다. PPL의 한국 이름은 '더 좋은 세상'인데 이 땅에 하나님의 나라를 하나님의 식대로 이루는 경제정의를 목표로 삼은 재단인데, 하나님의 은혜로 제법 잘 운영되고 있다.

재산을 가지고 형제끼리 싸우고 다투는 가정들이 간혹 있는데 감사하게도 우리 가정은 이런 경험을 통해 돈에 대한 신앙훈련도 제법 하고, 무엇보다 돈 가지고 형제간에 다투지 않을 수 있는 실력을 갖출 수 있게 된 것 같아 얼마나 하나님께 감사하고 있는지 모른다.

자식에게 진 빚

나는 음악을 좋아한다. 어려서 나는 노래를 아주 잘 불렀다. KBS방송국의 '누가누가 잘하나?'라는 프로그램에 나가서 일등을 한 적도 있었다. 변성기 때 성대 관리를 잘못하여 결국은 성악을 할 수 없게 되었지만 음악을 상당히 좋아한다. 그래서 어려서부터 아이들에게 악기 하나씩을 가르쳐주었다. 초등학교 1학년부터 중학교 3학년까지는 무조건 악기 하나씩을 배워야 한다는 것이 우리 집의 불문율이었다. 큰아이는 피아노, 둘째는 플루트, 셋째아이는 바이올린을 배웠다.

큰아이가 중학교 2학년 때 일이다. 교회에서 가족찬양대회가 열렸는데 우리 가족도 초청되었다. 그래서 나는 큰애에게 피아노 반주를 하라고 말했다. 교인들에게 우리 애가 피아노를 잘 친다는 것을 알릴 수 있는 절호의 기회였기 때문이다.

그런데 큰아이는 내 앞에서는 아무 말도 안 하더니 제 엄마에게 가서 피아노 치기 싫다고 이야기한 모양이었다. 자기도 같이 노래하고 싶다고 했단다. 그때 아내가 깊이 생각하지 않고 아이에게 이렇게 얘기했다고 한다.

"야 이놈아, 아빠가 월급 타다가 밥 먹여주고 공부시켜주고 피아노까지 가르쳐주었는데 그것도 안 하겠다면 쓰겠냐?"

그 이야기를 듣고 아내에게 그건 당신이 잘못 말했다고 한

후 나는 아이에게 편지를 썼다. 그 내용은 대략 이렇다.

너도 알다시피 아빠는 형제 없이 혼자 커서 어려서도 개와 고양이를 형제로 알고 살았다. 그러다가 결혼하여 엄마가 너를 임신했을 때 아빠는 얼마나 기뻤는지 모른다. 그래서 네가 태어나기도 전에 네 이름을 '부열'(父悅, 아비의 기쁨이라는 뜻)이라고 짓지 않았니? 네가 태어나서 적어도 1년은, 아빠는 버스정거장에서 집까지 한번도 걸어가본 적이 없단다. 네가 빨리 보고 싶어서 아빠는 늘 뛰어다녔지. 그때 네가 나에게 준 기쁨이란 평생 갚아도 갚을 수 없을 만큼 큰 것이었어. 말하자면 그건 내가 네게 진 빚과 같은 거야. 네가 나에게 빚이 있다면 사실은 나도 네게 빚이 있단다. 그러니까 아빠에게 진 빚 때문이라면 치기 싫은 피아노 억지로 치지 않아도 된다. 피아노 치기 싫으면 피아노 안 쳐도 돼.

부드러움이 관건

대회가 있던 날 아이는 아무 소리 없이 피아노를 쳤다. 아니 마지못해 피아노를 친 것이 아니라 기쁜 마음으로 기분 좋게 피아노를 쳤다. 그리고 그 편지 이후 얼마나 나를 따르게 되었는지 모른다. 나는 그 편지 한 장으로 자녀의 마음을 얻게 되었고 자녀를 교육할 수 있는 권한과 기회 또한 얻게 되었다. 아이는 그 후로 내 말을 들으려 했고 존중하려 했다.

후에 나는 그 내용으로 글을 한 편 썼다. 글의 제목은 '자식의 은혜'였다. 들어본 적이 있는지 모르겠다. 자식의 은혜라고 하니 그 말이 좀 이상하게 들릴지 모르지만 분명 자식의 은혜가 있다. 많은 자식들이 부모의 은혜를 안다. 그러나 대부분의 부모들은 자식의 은혜를 모른다. 내가 내 자식의 은혜를 알아주었더니 자식은 부모의 은혜를 생각해주었다. 부모의 은혜만 강조하며 폭력적으로 효도를 권해서는 안 된다. 그런 방법은 통하지 않는다.

어느 앙케트 조사에 따르면 젊은이 중 70퍼센트가 자기 부모를 미워한다고 답했다 한다. 부모 대하기 힘들어하고 싫어하는 정도가 아니라 미워한다는 것은 충격적인 이야기가 아닐 수 없다. 당신은 그 이유가 어디에 있다고 생각하는가? 사람들 말처럼 요즘 젊은이들이 사람의 도리도 모르는 패륜아들이기 때문이라고 생각하는가? 그러나 꼭 그렇지만은 않다. 대부분 그 원인은 자녀에게 있기보다 부모들의 권위주의적이고 폭력적인 자세에 있다.

큰아이의 이 피아노 사건(?)에서 '자식의 은혜를 아는 부모'라는 이 책의 제목이 되기도 한 말이 나왔다. 그리고 그것이 자식을 대하는 나의 태도와 마음에 큰 영향을 주었고, 결국은 아이들 셋을 큰 갈등 없이 잘 키울 수 있게 되었으며, 지금까지도 '이보다 더 좋을 순 없다'고 할 만한 부모 자식 사이로 이어지게 된 것이 아닐까 생각한다.

부모의 은혜를 모르는 아이들도 꽤 많지만, 사실은 그보다 자식의 은혜를 모르는 부모들이 더 많은 것 같다. 부모가 자식의 은혜를 깨닫게 된다면 많은 부모들과 자식들의 사이가 좋아지지 않을까?

아버지 이야기

나의 아버지는 초등학교 중퇴 학력에 최종 직업은 학교 수위이셨다. 지금도 그렇지만 그 당시 수위 월급은 참 보잘것없었다. 아버지 월급으로는 한 달에 쌀 두 가마도 살 수 없었다. 그런데도 어머니는 살림을 참 야무지게 하셨다. 쪼들리는 가계를 잘 꾸려나가셨고 더욱이 아주 조금씩이지만 저축도 하셨다. 저축의 힘은 대단했다. 내가 중학교 2학년 때 일이다. 그 돈으로 조그마한 집터를 살 수 있게 되었으니 이로써 그 위력이 입증된 셈이다.

어느 날 저녁 아버지는 나를 데리고 나가서 세 군데나 되는 집터를 보여주시며 이렇게 말씀하셨다.

"남자 나이 열다섯이면 대장부, 어른이다. 그리고 너는 나보다 공부도 많이 했다. 또 아버지 보기에 그만하면 믿을 만하다. 그러니 최종결정은 네가 하도록 해라."

그것은 참으로 충격적인 말씀이었다. 그러나 지나가는 말처럼 하신 말씀은 아니었다. 결국 내가 결정하여 땅을 사게 되었다. 믿기 어렵겠지만 이것은 엄연한 사실이다. 아버지는 가난한 가세에 전(全) 재산이 걸려 있다 해도 과언이 아닌 일을 이제 고작 열다섯밖에 안 된 아들에게 맡기셨던 것이다.

아버지는 내가 어려서부터도 무조건 부모의 말을 따라야 한다 말씀하지 않으시고 나를 집안의 크고 작은 일을 의논하는 상대로 인정해주셨다. 내가 크게 잘못되지 않고 나름대로 이만큼 된 데는 아버지의 그런 트인 자세가 도움이 되었다고 생각한다.

나는 "내 집에 사는 동안에는 무조건 내 말을 들어야 한다"고 이야기하는 부모보다 열다섯 어린 자식을 어른으로 인정해주어 스스로 중요한 일을 결정하도록 기회를 준 나의 아버지가 교육적인 측면에서 훨씬 더 훌륭한 분이라고 생각한다. 부족하지만 나도 아버지가 보여주셨던 바른 교육자세를 가지려고 나름대로 노력하고 있다.

그들이 결정하게 하라

영락교회에서 고등부를 지도할 때의 일이다. 매년 첫 주일이면 중등부에서 올라온 신입생들 때문에 예배 분위기가 어수선해지곤 한다. 중학교를 갓 졸업하고 올라온 아이들은 아직까지 집중이 잘 안 되기 때문이다. 그러나 첫 주일만 지나면 단번에 예배 분위기가 잡힌다. 나는 해마다 첫 주일이면 나의 아버지 이야기를 해준다.

"우리 아버지는 나를 열다섯 살에 어른으로 인정해주셨다. 그래서 나도 너희를 아이로 생각하지 않고 어른으로 인정해주려고 한다. 너희들을 어른으로 생각하기 때문에 설교도 어른 설교를 하고 쉬운 설교는 하지 않을 것이다. 설교가 어려우면 떠들어도 좋다."

이렇게 이야기하면 아이들은 거의 아니 절대 떠들지 않는다. 왜냐하면 자기들은 아이가 아니라 어른이기 때문이다. 그래서 예배 분위기가 잡히는 것이다. 실제로 말만 그렇게 하는 것은 아니다. 정말 할 수 있는 대로 아이들을 어른으로 인정해주고 그들의 의견을 존중해주려고 노력한다. 또 스스로 결정할 수 있도록 도와준다.

아이들에게 결정권을 주면 아이들은 그 다음에 나와 의논하려고 한다. 내가 아이들에게 조언을 하면 대개의 경우 아이들은 내 말을 듣는다. 그래서 사실은 거의 내가 뜻하던 대로 일이 결정된다. 그러나 중요한 것이 있다. 그 결정은 내가 한 것이 아니라 아이들이 했다는 것이다. 아이들은 그것을 얼마나 좋아하는지 모른다.

네가 좋아하는 여자가 내 며느리다

목회를 하다보면 자녀들의 결혼문제로 부모가 자녀들과 심각하게 대립하는 경우를 종종 본다. 이때 자녀들이 부모의 속을 썩이는 경우도 많지만 그에 못지 않게 부모가 자식의 속을 썩이는 경우도 매우 많다. 어느 날인가 내가 보기에 결혼문제로 부모가 자녀를 몹시 힘들게 한다고 느껴지는 일을 보게 되었다. 아이들이 너무나 불쌍했다. 부모는 부모대로 자식을 위해 그런다고 하지만, 나는 그때 그 모습을 보면서 자식을 위한다고 하는 일이 다 옳은 일은 아니라는 것을 알게 되었다.

그 모습을 보고 나름대로 느낀 것이 있어서 당시 대학생이던 큰아이에게 편지를 썼다. 아직 대학 초년생인 아이에게 결혼문제에 대한 이야기를 한 것이다. 이런저런 이야기를 하다가 마지막에 나는 이렇게 썼다.

"그러나 결정은 결국 네가 하는 것이다. 아빠는 네가 결정하는 여자를 내 며느리로 인정할 것이다. 네가 좋아하는 여자가 내 며느리다."

세 아이 다 자기가 자기 배필을 골라 결혼하였다. 부모로서 의견과 생각을 전혀 이야기하지 않은 것은 아니지만, 최종 결정은 아이들이 하도록 했고 존중하려고 노력했다. 그 때문에 아이들의 결혼을 두고 부모와 자식 사이에 어떤 갈등도 없었다. 그것이 아이들의 결혼 후에도 영향을 끼쳐서 아들 내외와 좋은 관계를 맺게 했는지 모른다.

많은 부모가 자녀들이 자신의 생각과 전통과 문화를 따라주기를 바란다. 그리고 심지어는 강요한다. 그래서 부모와 자식 사이가 편치 않다. 우리 부부는 원칙적으로 부모인 우리가 아이들의 생각과 문화를 존중하고 거기에 맞춰가려고 노력했다. 생각은 다른 면이 많았지만 우리는 우리 아이들을 믿고 신뢰했다.

코로나 때문에 최근엔 못 갔지만, 우리는 여름휴가를 온 가족이 다 함께 다닌다. 우리 부부, 아들 셋, 며느리 셋, 손주 다섯(내년부터는 여섯) 모두 열세 명이 함께 다닌다. 얼마나 행복하고 감사한지 모른다. 이 큰 행복을 누리게 된 중요한 이유 중에 하나가 '네가 좋아하는 여자가 내 며느리다'라는 마음에서부터 온 것이라고 생각한다.

믿은 만큼 존중해준다

자녀들에게 무조건 모든 결정을 맡긴다는 것이 위험하지 않느냐고 우려하는 사람이 있을 수 있다. 그러나 그렇지 않다. 그것이 가장 안전한 방법일 수 있다. 자녀들을 신뢰하지 못하고 모든 결정을 부모가 내려주기 시작하면 착한 아이들은 마마보이가 될 것이고 의식이 있는 아이들은 반발하게 될 위험성이 크다. 그러나 부모가 자식을 믿고 결정권을 아이에게 내어주면 아이들은 오히려 모든 문제를 부모와 의논하려 할 것이고 부모의 조언에 더욱 귀를 기울이게 될 것이다.

나는 아이들을 할 수 있는 대로 빨리 결혼시킬 생각을 가지고 있었다. 일찍이 큰아이도 그런 내 의사에 공감했는지, 대학 졸업을 앞두고 결혼 생각을 부쩍 하는 것이 보였다. (실제로 큰아들은 스물여섯에 결혼을 했다.) 어느 날 큰애가 나에게 이런 메일을 보내왔다.

결혼 시기는 일단 학부 공부를 마친 후가 되지 않을까 생각하고 있는데 어떻게 생각하세요? 군대 문제를 생각해보았어요. 사병으로 군에 가게 되면 군 제대 후에 결혼하는 것이 통상적일 것 같고, 장교로 가면 장교 임관 후 결혼하는 것이 좋겠다고 생각하고 있습니다. 군대문제를 생각하면 언제 결혼하는 것이 좋은

지 어머니, 아버지 생각을 듣고 싶습니다.

하지만 사실, 언제 .결혼하느냐 이전에 지금 교제하고 있는 여자 친구에 대해 어떻게 생각하시는지 부모님 생각이 먼저이지 않을까 싶습니다. 물론 부모 뜻만 좇아 결혼하는 꼭두각시들도 문제가 있지만 그렇다고 해서 부모의 뜻을 무조건 무시하고 제 생각대로만 하려는 것은 더 어리석은 일인 것 같습니다.

내 아이의 경우 내 생각이 맞았다. 아이를 인격적으로 인정하고 대우했더니 나를 부모로 인정하고 중요한 결정을 내리기 전에 나와 의논할 뿐 아니라 내 의견을 존중해주었다. 나는 그것이 너무 기쁘고 감사하고 행복하다. 우리 아이뿐만이 아니다. 나는 모든 자녀들이 다 마찬가지라고 생각한다. 부모들이 자녀의 인격을 존중해주면 아이들은 반드시 부모를 무시하지 아니하고 부모의 의견을 존중하여 따라주리라 믿는다. 자녀교육에서 가장 중요한 것은 부모의 교육자세이다. 성공적인 자녀교육을 위한 부모의 바른 교육자세 첫 번째는 자녀를 한 인격체로 인정하고 존중해주는 일이다.

✏️ 자(子) 은(恩) 부(父) 수첩

- 교육열은 높으나 교육 방법을 모르는 게 우리나라 자녀교육의 실정이다.
- 자녀가 아랫사람이라고 막 대해도 좋은 건 아니다. 교육을 하려면 무엇보다 '교육자세'가 중요하다.
- 내가 번 돈으로 밥 먹고 산다고 내 마음대로 한다? 이것은 교육이 아니라 폭압이다.
- 내가 자식을 믿고 맡기면 자식은 나를 믿고 의논한다!

☑️ 부모 역할 체크포인트

- 나는 자녀들을 향해 쏟는 애정과 더불어 자녀를 제대로 키우는 방법을 알고 있는가?
- 교육적 자세는 인격적인 자세이다. 나는 자녀들을 인격적으로 대하는가? 혹 버릇없는 부모는 아닌가?
- 나는 아이들에게 책임과 권한을 부여하고 선택할 수 있도록 돕고 있는가?

오늘부터 이것만이라도

- 억하심정 들지 않게 아이들 대하기
- 자녀에게 작은 권한이라도 위임하고 책임 지워주기
- 어른 대접할 거리 찾아 자녀 대하기

Chapter 3

자녀교육 3계(誡)

1계, 품을 때가 있고 떠나보낼 때가 있다

너를 떠나보낸다

큰아이가 대학교 다닐 때 여자친구를 사귀었다. 우리 아이는 포항에서 학교를 다녔는데, 어느 날 큰아이가 제 엄마에게 전화를 해서 서울에 있는 제 여자친구 생일인데 그 여자친구에게 줄 장미를 그 친구 나이 숫자만큼 좀 사다 달라고 부탁을 하더란다. 아내는 아이의 부탁대로 꽃시장에 가서 장미를 사왔고 큰애는 밤차를 타고 서울로 올라와 그 꽃을 자기 여자친구에게 전해주고 다시 포항으로 내려갔다.

　그런 해프닝이 있은 지 얼마 되지 않아 내 생일이 되었다.

그런데 어찌 된 일인지 아들놈은 제 아비 생일은 새카맣게 잊은 채 꽃은 고사하고 축하 전화 한 통 없었다. 어찌나 섭섭하고 고약하게 느껴지던지…. 며칠이 지나 큰아이가 쩔쩔매며 전화를 했다. 사과를 했지만 섭섭한 마음은 쉬 가시지 않았다.

섭섭한 마음을 가라앉히고 혼자 곰곰이 그 일을 생각해보았다. 내 아이가 잘한 것은 아니지만 그러나 그것이 정상이지 않나 하는 생각이 들었다. 반대로 제 아비 생일에는 꽃을 보내고 제 여자친구 생일은 새카맣게 잊어버렸다면 어땠을까 하고 생각하니 그것은 더 큰 일이었다. 잘못하다가는 손자도 못 보겠구나 하는 장난스런 생각이 들었다.

그 생각을 하니 마음이 풀렸다. 그리고 앞으로는 내 아이가 나보다는 자기 여자친구나 아내를 더 사랑하고 자기 아이를 더 좋아하는 것을 정상으로 생각하고 인정해주어야겠다고 굳게 마음먹었다.

그날 나는 마음으로 내 아이를 떠나보냈다.

떠날 수 있어야 합칠 수 있다

창세기 2장 24절에 보면 우리가 잘 아는 "이러므로 남자가 부모를 떠나 그 아내와 합하여 둘이 한 몸을 이룰지로다"라는 말씀이 나온다. 많은 부모와 자녀들의 문제가 부모와 자식을 서로 떠나지 못하는 데 있다. 부모를 떠나지 못하는 자녀, 자녀를 떠나보내지 못하는 부모 때문에 문제가 생긴다. 부모를 떠나야 한다. 그것은 부모를 버리고 무시하라는 말이 아니다. 자녀를 떠나보내야만 한다. 그것은 자녀를 포기하고 남으로 생각하라는 말이 아니다. 또 부모와 자식은 꼭 함께 살아서는 안 된다는 말도 아니다.

나는 부모와 자식이 함께 살 수 있으면 서로에게 축복이라고 생각하는 사람이다. 나는 어머니를 오랫동안 모셨고, 큰아들 내외가 유학 가기 전에는 1년 반 정도 큰아들 내외와 손녀까지 4대가 함께 살기도 했다. 내가 손녀를 너무 예뻐하니까 미국으로 유학 가기 전에 손녀와 함께 지내라는 아들 내외의 사랑이 담긴 배려였다.

그러나 자식과 함께 사는 복을 받으려면 자식이 부모를 떠나는 것을 인정해주어야 한다. 자식을 떠나보낼 줄 알아야 한다. 자기 여자친구 생일에는 지방에서 일부러 올라와 장미를 선물하고 내려가고 제 아비 생일은 새카맣게 잊어버리는 실수를 하더라도 그것을 인정해줄 수 있어야 한다. 그것을 정상으로 받아들일 줄 아는 여유가 있어야 한다. 그것이 바로 자식을 떠나보내는 것이다.

그럴 수만 있다면 얼마든지 부모와 자식이 함께 살 수 있다고 생각한다. 그러나 그것이 되지 않으면 될 수 있는 대로 부모와 자녀는 함께 살아서는 안 된다. 나는 늙어서 아들은 물론이고 며느리의 존경을 받으며 살고 싶다. 손자들의 사랑을 받으며 살고 싶다. 나는 그 복을 쉽게 포기하지 않을 것이다. 그러기 위해 내가 할 일은 자식을 떠나는 것이다. 자식을 떠나보내는 것이다. 나는 그날 자식을 내 마음으로부터 떠나보냈다. 그날 나는 훗날 자식들과 함께 살 수 있는 자격을 얻었다.

함께 선 두 사람

나는 무녀독남 외아들이다. 어머니에게 나는 아들 이상의 존재였다. 어떤 때는 하나님도 되고 어떤 때는 자식도 되고 어떤 때는 남편도 되고 어떤 때는 친구도 되어야 했다. 어머니에게 나는 모든 것이었다. 나는 그것이 힘들었다. 어느 날 나는 어머니에게 말씀드렸다.

"어머니, 혼자 사세요."

어머니는 그 말을 오해하고 쇼크를 많이 받으셨다. 나가서 따로 살라는 말씀으로 들으셨기 때문이다. 나는 어머니를 붙들고 자세히 말씀드렸다.

"하나님을 믿는 믿음으로 혼자 사실 수 있어야 저와 함께 살 수 있습니다. 어머니가 나 없어도 하나님 때문에 능히 살 수 있는 독립심이 없으면 제가 너무 힘들어서 어머니를 모실 수 없습니다. 자식 없어도 하나님 때문에 능히 혼자 살 수 있는 부모가 자식을 사랑하여 함께 살 때 행복합니다."

그제야 어머니는 내 뜻을 알아들으셨다.

그것은 부부관계도 마찬가지이다. 나는 아내를 사랑한다. 아내도 나를 사랑한다. 그러나 나는 아내 없이도 살 수 있다. 나는 하나님을 믿는 사람이기 때문에 아내가 없어도 능히 그 외로움과 어려움을 이겨내고 인생을 훌륭히 살아낼 수 있다. 그것은 내 아내도 마찬가지이다. 하나님을 믿는 믿음으로 혼자 살 수 있는 남편과 아내가 서로 사랑하여 함께 사는 것, 그것이 행복한 것이다.

나는 내 아이들이 없어도 얼마든지 잘 살 수 있다. 나는 내 아이들이 없어도 얼마든지 하나님을 믿는 믿음으로 행복하게 잘 살 수 있다.

그렇기 때문에 나는 아내와도 함께 살 수 있고, 어머니와도 함께 살 수 있었고, 자식들과도 함께 살 수 있다.

아내와 어머니가 물에 빠졌다면, 또 한 사람밖에 건질 수 없는 상황이라면 누구를 건질 것인가? 옛날 어른들은 마땅히 어머니를 건져야 한다고 이야기한다. 아내는 또 얻을 수 있지만 어머니는 또 얻을 수 없기 때문이란다. 나는 그 말의 옳고 그름에 대하여 말하고 싶지 않다.

그러나 나는 아이들에게 미리미리 일러주고 싶다. 만에 하나 그런 상황이 발생하면 네 아내를 건지라고 일러주고 싶다. 그것이 절대로 부모에게 불효하는 것이 아니라고 일러주고 싶다. 사랑하는 아들의 아내 그리고 생명보다 더 아끼고 사랑하는 손자들의 어머니를 위해 부모 된 내 생명을 포기할 수 있다는 것이 얼마나 행복한 일인지 미리미리 아이들에게 말해주고 싶다.

부모에게는 자식이 넘버원이다. 그래서 모든 부모는 자식들도 자신을 넘버원으로 인정해주기를 바란다. 그런데 거기서부터 많은 문제와 갈등이 발생하게 된다.

첫 손녀 민희가 태어났다. 정신이 없었다. 손녀가 태어난 곳은 계룡대였는데, 그 먼 곳을 시도 때도 없이 참새가 방앗간 드나들듯이 들락거렸다. 민희가 아빠 따라 미국에 가기 전에 일 년 반을 우리와 함께 살았다. 나에게 민희는 넘버원이었다. 민희가 내게 넘버원이었기 때문에 민희에게도 내가 넘버원이기를 당연히 바랐다.

그러나 나는 그것을 포기했다. 그것은 옳지 않은 일이며, 그래서는 안 되는 일이라고 생각했다. 민희에게 넘버원은 자기 엄마 아빠여야 한다. 민희는 나보다 할머니를 더 좋아하니 그것도 인정해야 했다. 나는 동양적인 사고방식대로라면 우리 집 넘버원이다. 그러나 나는 넘버쓰리로 내 자리매김을 하였다.

아들도 마찬가지다. 자기 아내와 자녀가 넘버원, 넘버투이고 나는 넘버쓰리가 맞다. 아내와 아비가 물에 빠지면 아내를 먼저 건지는 것이 옳다. 그런 마음가짐이 우리 가정의 평화에 매우 중요한 영향을 끼쳤을 것이라고 나는 확신한다.

2계, 자식에게 미안해할 줄 아는 부모가 돼라

동호야, 미안하구나

중학교 2학년 때 학교에서 스케이트를 배웠다. 그 당시 신설동에 우리나라에서는 최초로 실내스케이트장이 생겼는데,

학교에서 그곳에 단체로 가서 스케이트를 배우도록 한 것이다. 나는 보기보다 운동 신경이 발달한 편이다. 그래서 그날로 스케이트를 배웠다. 코너를 도는 것까지 마스터했다. 스케이트 타는 것이 얼마나 재미있었는지 집에 돌아와서도 온통 스케이트 생각뿐이었다.

스케이트 타는 것이 너무 좋아서 어느 날 나는 아버지에게 스케이트를 하나 사달라고 말씀드렸다. 그러나 아버지는 아들에게 스케이트를 사줄 여유가 없었다. 머뭇머뭇하시더니 머리를 긁으시면서 미안하다고 말씀하셨다.

"아들이라고 너 하나밖에 없는데 스케이트도 하나 사주지 못해 미안하구나."

나는 그날 아버지께 너무나 죄송했다. 아버지에게 그만한 돈이 없다는 것을 뻔히 알면서도 철없이 아버지에게 스케이트를 사달라고 하여 아버지를 난처하게 만든 것 같아 참으로 죄송했다.

다른 부모 같았으면 다 큰 자식이 철없이 집안 사정도 모르고 스케이트 사달란다고 아마 야단을 치셨을 것이다. 그러나 우리 아버지는 그렇지 않으셨다. 나에게 미안하다고 하셨다. 아버지는 당신이 무능하여 가난한 것을 자식에게 정말로 미안하다 여기시는 분이었다. 그렇게 생각하는 것은 절대로 쉬운 일이 아니다.

나는 고등학교를 졸업할 때까지 학교에서 가는 수학여행을 가보지 못했다. 잘못하면 사춘기에 마음의 상처로 남을 수 있는 일이다. 그러나 나에게는 어린 시절 가난의 흔적이나 상처가 거의 없다. 가난이 주는 부정적인 영향을 생각할 수 있겠으나 다행히 나에게는 그런 것이 별로 없다. 그럴 수 있었던 가장 큰 이유는 뭘까? 아버지가 내게 미안하다고 말씀하셨기 때문이 아닐까?

은폐하느니 용서를 구하라

자신의 부족함을 미안해할 줄 아는 마음은 자녀교육을 위하여 매우 중요한 자세가 된다. 일단 그런 자세가 되면 교육은 누구나 가능하고 언제나 가능하고 어디서나 가능하다. 한걸음 더 나아가서 자신의 실수를 솔직하게 사과할 줄 아는 마음이 필요하다.

많은 부모들이 자신의 실수와 잘못을 자녀들에게 솔직하게 인정하지 못하고 있다. 잘못된 자존심과 권위의식 때문이다. 그러나 그것은 잘못된 생각이다. 부모의 권위는 자신의 실수와 잘못을 솔직하게 인정하는 데서부터 나온다. 우리는 이것을 알아야 한다.

뉴질랜드의 어느 집회에서 만난 장로님께 귀한 이야기를 들었다. 그 장로님의 큰딸은 자기 주관과 고집이 센 자녀였는데 어느 날 장로님이 화가 나서 그만 딸의 **뺨**을 때렸다고 한다. 그러자 그 딸은 눈을 똑바로 뜨고 "아버지는 장로님이라고 그러시지만 저는 아버지에게서 전혀 예수님을 찾아볼 수가 없습니다. 나는 무조건 아버지에게 순종할 수는 없습니다. 때리시려면 더 때려보세요"라고 소리를 질렀다고 한다.

그 말에 너무 충격을 받은 장로님은 잠시 자기 방에 가서 생각을 했다고 한다. 그리고 딸에게 가서 딸의 말을 인정하고 정식으로 사과하셨다고 한다. 그리고 앞으로는 정말 예수 믿는 사람답게 살아보겠다고 말씀하셨다는 것이다. 그러자 딸도 즉시 자기 잘못을 인정하고 아버지를 부둥켜안았다고 한다. 그 후로는 부녀 사이가 좋아져서 아주 좋은 관계를 유지하고 있다는 이야기였다.

그때는 장로님과 딸 사이의 아주 큰 위기였다. 만일 그때 장로님이 딸에게 자신의 잘못을 인정하고 사과하지 않으셨다면 딸과 아버지의 관계는 좀처럼 회복되기 어려웠을지도 모른다.

그러나 아주 적절한 때에 자기 잘못을 솔직히 인정하여 벼랑 끝에 선 것같이 위태위태하던 관계를 다시 회복하게 된 것이다. 부모가 자기의 실수와 잘못을 인정하지 않으면 자녀들

도 자기의 실수와 잘못을 인정하기 싫어한다는 것을 알아야
한다.

자녀를 교육하려고 하는 부모들이 반드시 알아야 할 것이
있다. 자기의 부족과 실수에 대해 미안해 하고 사과할 줄 아
는 부모가 되어야 한다는 것이다. 이것이 자녀를 교육하려고
하는 부모들이 반드시 갖추어야 할 필수 자세라는 것을 알아
야 한다.

당신은 자녀에게 미안하다는 말을 하는가? 자녀에게 잘못
했다고 말해본 적이 있는가?

3계, 꾸짖되 비난하지 말라

내가 너보다 더했다

어렸을 때 잘못하면 아버지에게 매를 맞곤 했다. 매로 때리
실 때마다 아버지는 나에게 귀에 못이 박히도록 이 말씀을 해
주셨다. 그것은 '하나가 아니라 반쪽이라도 안 된다'는 말씀
이었다. 내가 무녀독남 외아들이었기 때문에 버릇없는 아이
로 자랄 것을 두려워하셔서 하신 말씀이다. 잘못을 하면 예외

없이 매를 맞았고 아버지는 꼭 한 대를 때리셨다. 그러나 그 한 대의 매가 얼마나 매서웠는지 늘 피가 맺힐 정도였다. 그런데 잊지 못할 것은 매를 때리실 때마다 하시던 아버지의 말씀이다.

"너만 이런 잘못을 하는 것은 아니다."

"사람은 누구나 대개 이런 잘못을 하면서 크는 것이란다."

"아버지도 어렸을 때 마찬가지였다."

"솔직히 말하면 아버지는 어렸을 때 너보다 더했다."

이 얼마나 재미있는 말인가? 당신은 어렸을 때 나보다 더하셨다니! 그 덕분에 언제나 매 맞은 뒤끝이 개운했었다. 매는 맞았지만, 꾸지람은 들었지만 나는 아버지께 한번도 비난을 받은 적은 없다. 그것이 얼마나 교육적으로 중요한 배려였는지 모른다.

많은 부모들이 꾸짖음과 비난을 잘 구별하지 못한다. 그리고 실제로 구별하려 하지도 않는다. 많은 아이들이 꾸지람과 비난을 함께 받는다. 잘못에 대해 꾸짖는 것은 교육적으로 옳고 좋으나 비난은 절대 좋지 않다.

아이가 잘못하면 꾸짖어야 한다. 필요하면 매도 들어야 한다. 그러나 절대로 아이를 비난해서는 안 된다. 비난은 절대로 아이를 바르게 하지 못한다.

비난은 아이를 점점 더 비뚤어지게 할 뿐이다. 많은 부모들이 꾸짖는 것과 비난을 혼돈하여 아이를 점점 비뚤어지게 하고 있다는 것을 알아야 한다.

✏️ 자(子) 은(恩) 부(父) 수첩
- 품 떠나는 자식도 자식이다. 제대로 된 자식 만들려면 떠나보낼 줄 알아야 한다.
- 자녀에게 "정말 미안하다!"고 말해본 적이 있는가?
- 꾸짖어라! 매를 들어라! 그러나 인격적 자괴감이 들도록 비난하지는 말아라.

☑️ 부모 역할 체크포인트
- 내 아이를 언제 어떻게 떠나보낼 것인가?
- 내가 아이에게 사과할 일은 없는가? 부모라는 이유 하나만으로 사과 않고 버티는 고집은 없는가?
- 비난과 훈계는 어떻게 다른가? 나는 비난하지 않으면서 훈육하는 방법을 알고 있는가?

오늘부터 이것만이라도

- 아이들을 떠나보내는 연습하기
- 훈계는 따끔하게, 내 잘못은 솔직하게 사과하기
- 비난하고 싶은 마음 억누르기

PART 2

자녀교육에서
성공하는 부모

Chapter 4

이해하되 삶의 원칙에는 엄격한 부모

기분과 취향을 이해하라

내가 담임했던 동안교회에는 청년들이 많았다. 주일예배에 출석하는 청년들의 숫자가 아마 거의 2천 명 가까이 되었던 것 같다. 재적이 아니라 출석이 2천 명이라는 것은 절대로 만만한 숫자가 아니다. 우리나라에서 청년들이 많이 모이는 대표적인 몇몇 교회 가운데 하나가 되었다.

동안교회에 청년들이 많이 모인 데는 나름대로 이유가 있었다. 가장 중요한 이유 가운데 하나는 너무 건방진 이야기 같지만 담임목사가 청년들을 사랑으로 이해해주려고 나름대로 노력했기 때문이다. 나는 정말 그렇게 생각한다.

어느 날 주일예배에 나오는 남자 청년 중에 머리를 길러 뒤로 묶고 오는 청년이 있었다. 소위 포니 테일(꽁지머리)이라는 것이다. 나는 그 모습이 참으로 마음에 걸렸다. 꼭 물을 흐리러 오는 미꾸라지 같다는 생각이 들어 불안했다.

그러나 '머리 길게 하고 교회 오는 것이 머리 잘 깎고 교회 안 나오는 것보다 낫지 않겠나?' 생각하며 마음을 다스렸다. 보기에 점점 익숙해지니까 나중에는 그렇게 머리를 뒤로 땋은 것이 예뻐 보이기 시작했다. 그러니 자연 문제가 없어지게 되고 담임목사가 그런 아이들을 색안경 끼고 보지 않게 되자 점점 아이들이 동안교회를 편하게 생각하고 몰려오기 시작했다.

어느 주일에는 남자 청년 하나가 머리 한쪽을 빨갛게 염색하고 교회에 나타났다. 지금은 염색한 것을 하도 보아서 별 문제가 없지만 그때는 정말 쇼크였다.

그 청년은 이층 맨 앞줄에 앉아 예배를 드렸다. 당시에는 옛날 예배당이었기 때문에 그 자리는 강대상에서 빤히 바라보이는 자리였다. 나는 그 아이가 신경이 쓰여서 설교가 잘 안 될 지경이었다.

빨간 머리도 은혜 받는다

그런데 놀라운 것은 그 아이가 설교를 너무나 열심히 듣는다는 것이었다. 그것이 나를 혼란스럽게 했다. 그때까지 나는, 은혜를 받으려면 머리가 까매야지 새빨가면 은혜를 못 받는다는 고정관념을 가지고 있었다. 그런데 세상에, 머리가 새빨간 아이가 은혜를 받고 있는 것이 아닌가! 그 날 나는 고정관념을 버렸다. 머리 색깔과 은혜는 전혀 상관이 없다는 것을 알았다.

그날 나는 머리염색 하고 교회에 오는 아이들에 대한 나의 편견을 버렸다. 그런 편견을 버리고 아이들을 이해하게 되자 점점 아이들이 늘어나게 되었다. 나는 그것을 피부로 느낄 수 있었다.

아니, 너마저?

드디어 어느 주일에 남자 청년 하나가 귀걸이를 하고 교회에 나타났다. 나는 정말 심장이 뛰었지만 꽁지머리, 머리염색과 마찬가지로 귀걸이에 대해서도 무사히 고비를 잘 넘겼다. 그런데 정말 큰 문제가 생겼다. 그것은 나의 둘째아들 놈이 귀걸이를 한 일이다. 어느 날 내 아내가 키득키득 웃으며 나에게 말을 걸어왔다.

"여보, 여보! 지열이가 귀걸이 했대요."

큰아이와 둘째는 포항에 있는 한동대학교에 다녔다. 둘째는 산업디자인을 공부하고 있었는데 세상에, 이 놈이 귀걸이를 했다는 것이다.

나는 그날 밤 거의 잠을 설쳤다. 책상에 앉아 참으로 여러 시간 동안 이 문제에 대해 생각해보았다. 내내 낙서를 하며 생각했던 것을 요약하면 대략 다음과 같다.

"내가 목사지 지가 목사냐?"

"지열이가 귀걸이를 하고 싶었던 것이 이번이 처음은 아니었을 것이다. 아마 몇 달 전이었을 수도 있고 1년 전이었을 수도 있다. 아버지 체면을 생각해서 최소한 몇 달은 망설이고 참고 그랬을 것이다. 지열이가 나를 위해 다만 몇 달이라도 참았다면 나도 지열이를 위해 최소한 몇 달은 참아주어야 하는 것이 아닌가?"

"아이들에게 목사 아들이라는 것은 참으로 부담스러운 굴레가 아닐 수 없다. 교인들은 목사의 아이를 그냥 아이로 보아주지 않는다. 꼭 목사 아이라고 브랜드를 붙인다. 그것이 아이들에게 얼마나 부담이 되는지 모른다. 그것을 쉽게 벗어버리지도 못하고 속으로만 병을 앓는다. 그런데 지금 우리 아들놈은 그것을 과감하게 벗어 던지고 있는 것이다."

"자식, 괜찮은데? 뭘 한번 해도 하겠는데?"

그렇게 생각하니 마음이 좀 풀렸다. 정리가 되었다. 그래서 둘째에게 메일을 보냈다. 내가 생각한 것을 적어 보내면서 "어디 한번 보자. 예쁜가?"라고 써보냈다.

지엽말단 놓고 싸우지 말자

아내가 같은 학교에 있는 큰아이와 전화를 하다가 큰아이에게 물었다.

"너 지열이 귀걸이 한 거 아니?"

"예."

"너는 어떻게 생각하니?"

"뭐 별로 크게 걱정하실 거 없으세요. 그냥 패션과 같은 거라고 생각하시면 돼요. 어머니 생각하시는 것처럼 심각한 문제 아니에요. 그런데 아버지도 이 일을 아세요?"

"그래, 어제 엄마가 말씀드렸다."

"아버지가 어떻게 생각하세요?"

"이해하고 받아주실 모양이더라."

"우리 아버지, 꽤 괜찮으신대요. 아버지가 귀를 뚫으시면 동안교회 청년 3만 명은 문제없는데…."

정말 청년이 3만 명 온다면 나는 귀걸이를 할 용의가 있다. 그러나 쇼크받고 돌아가는 분 생길까봐 안 했다. 대부분 부모님들이나 어른들은 전통적이고 보수적이다. 그러나 자녀들과 젊은이들은 끊임없이 변화하고 있다. 그러므로 자연 청년과 어른, 자녀들과 부모는 같을 수 없다. 그런데도 많은 어른들이 자기와 다르면 그것이 틀리다고 생각하는 경향이 있다. 그러나 '다른 것'(different)과 '틀린 것'(wrong)은 엄연히 다르다.

나와 다른 것을 인정하고 이해하려고 하는 노력이 필요하다. 그것이 정말 원칙에 벗어나고 진리에 벗어나는 것이라면 안 되지만 그렇지 않은 것들은 이해하고 양보해야 한다. 어른과 부모들이 그와 같은 지엽적인 문제를 과감하게 이해하고 양보해주면 자녀들과 청년들도 부모와 어른을 이해하고 양보하려 할 것이다.

근본적인 것이 아닌 지엽적인 것 하나도 다 어른 마음대로 하려고 하기 때문에 청년과 자녀들은 어른들의 말을 무조건 듣기 싫어하는 것이다. 아이들의 기분과 취향을 이해하려고 노력하는 부모가 되어야 한다. 그래야만 자녀를 교육할 수 있는 기회를 얻을 수 있다.

그날 그 사건 때문에 둘째아이와 얼마나 가까워지고 친해졌는지 모른다. 지금 나이가 마흔셋인데도 둘째는 여전히 나를 "아빠, 아빠"라고 부른다. 키는 182센티미터나 되는데 만나면 끌어안고 볼을 비벼대며 좋단다.

시도 때도 없이 자기 집에 초대해서 함께 식사하고, 함께 영화를 보고, 음악도 함께 듣는다. 요즘은 자기 부부와 함께 캠핑을 가자고 하는데, 늘그막에 얼마나 행복하고 감사한지 이루 말로 다 할 수 없다.

둘째가 귀걸이를 했을 때 참아주고 함부로 말하지 않고 이해해주려고 노력했던 것이 큰 작용을 했을 것이라고 나는 생각한다. 아이한테 한번 물어봐야겠다. 하여튼 일흔 넘은 아비와 마흔 넘은 자식의 사이가 좋은 것은 축복 중의 축복이다. 그 복을 내가 누리며 살고 있다.

100원 갖고 되겠냐?

어렸을 때 아버지에게 100원을 달라고 하면 아버지는 언제나 "100원 갖고 되겠냐?" 하시며 200원을 주시곤 하셨다. 별것 아니었지만 아버지는 아이의 기분을 잘 알아주시는 분이었다. 친구들 중에 100원이 필요한데 200원을 달라고 거짓말하는 아이들이 있었다.

나는 그것을 정말 이해할 수 없었다. '100원 달라면 200원을 주시는데 왜 거짓말을 하지?' 이런 생각도 들었지만, 100원만 달래도 200원을 주시는 아버지를 속인다는 게 양심상 허락되지 않았다. 내가 비교적 돈에 대하여 정직한 사람이 될 수 있었던 가장 중요한 이유는 바로 거기에 있다.

아이들은 자녀의 기분을 알아주고 이해해주는 어른과 부모를 좋아한다. 그러면 교육은 자동으로 이루어지는 것이다. 자녀의 기분과 취향을 이해하고 알아주는 부모가 되기를 힘쓰기 바란다.

나를 포함한 대부분의 부모들이 자녀의 기분을 잘 이해해주려고 하지 않는다. 모든 것을 자기 기분대로 하게 하려고 한다. 그런 면에서 부모들은 참 폭군 같다. 세상에 어느 자녀가 폭군처럼 제 마음대로, 제 기분대로만 하라고 하는 부모를 좋아하겠는가?

이것도 놓치지 말고 저것도 잡아야

그러나 아이들의 취향과 기분 그리고 저들의 문화에 대하여 이해심이 있는 부모가 되는 것만이 다는 아니다. 이런 기본이 갖추어지면 마지막으로 중요한 과제가 남는다. 그것은 중요한 삶의 원칙에 대해서는 엄격하라는 것이다. 아이들의 기분과 취향 그리고 문화를 이해한다고 무조건 아이들의 기분만 맞추어주는 부모가 되어서는 안 된다. 요즘 아이들을 이해하고 아이들의 기를 살려준다고 하다가 잘못하여 버릇없는 아이로 키우는 부모들이 많은데 그것은 잘못된 일이며 위험한 일이다.

사상에도 좌우 균형이 중요하듯 자녀에 대한 이해심과 엄격함에도 균형이 필요하다. 무조건 이해하려 한다면 자녀들은 버릇이 없어지고 무조건 엄격하기만 하면 자녀는 눈치나 보는 비겁한 자녀가 되거나 반항하는 자녀가 될 것이 뻔하다. 몇 가지 중요한 삶의 원칙들을 정해두고 그 점에 대해서만큼은 엄격한 부모가 되어야 한다.

중요한 삶의 원칙이란 사람마다 각자 가지고 있는 가치관과 신앙관 그리고 인생관에 따라 조금씩 다를 수 있다. 나름대로 내가 중요하게 여기는 원칙은 정직과 예의 그리고 법과 질서를 지키는 것과 성실함 같은 것들이다.

부모는 정직하지 못한 것에 대하여 엄격해야 한다. 사람은 누구에게나 거짓말을 하려는 본능이 있고 본성이 있다. 이것을 어렸을 때 엄히 가르치지 못하면 후에는 바로잡기 어렵다. 그러므로 아이가 정직하지 못한 말과 행동을 할 때에는 엄히 꾸짖고 혼을 내주어야 한다. 정직하지 못한 것을 이해해주어서는 안 된다. 그것을 가볍게 넘겨서는 안 된다.

아이들의 기를 살려주는 것은 좋으나 그것이 지나쳐서 무례하고 버릇없는 아이가 되게 해서는 안 된다. 공공장소에서 뛰어다니거나 큰 소리를 치고 장난하는 것은 어려서부터 엄하게 단속해야 한다.

요즘 젊은 부모들은 아이들을 자유롭게 키우는 것만 잘하지 아이들을 예의바르고 반듯한 아이로 키우는 일은 썩 잘하지 못하는 것 같다. 어려서부터 남에게 폐를 끼치지 않도록 가르쳐야만 한다. 이것은 절대로 양보할 수 없는 매우 중요한 삶의 원칙이 되어야 한다.

법과 질서를 지키는 일에 대해서도 엄격해야 한다. 지나치게 엄한 규율을 만들어 아이들을 통제하는 것은 바람직하지 않다. 그러나 기본적인 법과 질서까지 무시하도록 방치해서는 안 된다. 줄을 서는 일, 교통신호를 지키는 일같이 기본 질서 지키는 것을 엄격하게 가르쳐야만 한다.

마지막으로 게으르고 나태한 것을 엄히 꾸짖어야 한다. 오늘 할 일을 내일로 미룬다거나 자기 책임을 잘 감당하지 못하고 남에게 전가하는 등 불성실한 삶을 사는 것을 이해해서는 안 된다.

이와 같은 중요한 원칙들을 교육하기 위해 필요하다면 매를 드는 것도 필요하다. 서양식 교육에서는 아이에게 매를 드는 일을 미개한 것으로 간주한다. 그러나 성경은 우리에게 "매를 아끼는 자는 그의 자식을 미워함이라 자식을 사랑하는 자는 근실히 징계하느니라"(잠 13:24)라고 말씀한다.

자식에 대하여 바른 자세를 가지는 일, 가능한 한 자녀를 이해하는 마음을 가지려고 노력하는 가장 중요한 목적 중 하나는 아이를 징계할 수 있는 능력과 자격을 갖추기 위함이라고 할 수 있다.

✏️ 자(子) 은(恩) 부(父) 수첩

- 편견, 특히 문화적 편견이 교육을 망칠 수도 있다.
- 인내는 쌍방이 가질 때 아름답다. 자녀들에게만 참으라고 하지 말라.
- 차이를 차별의 기회로 삼지 말라.
- 지엽적인 차이는 너그럽게, 중심적인 원리는 엄격하게 가르치라!

📅 부모 역할 체크포인트

- 아이들의 소비문화를 고깝게만 보고 있지는 않은가?
- 나는 울뚝밸처럼 시도 때도 없이 화만 내는 못된 부모는 아닌가?
- 나는 차이와 차별의 차이를 알고 있는가? 이 원칙을 현실에서 어떻게 적용하고 실천할 수 있는가?
- 내가 예쁘게 봐줘야 할 내 자녀의 취향과 기분은 무엇인가?
- 그러나 부모로서 양보하지 말아야 할 원칙은 무엇인가? 내 아이는, 그런 원칙이 있다는 사실을 숙지하고 있는가?

오늘부터 이것만이라도

- 아이들이 즐겨보는 잡지, 즐겨듣는 음악 알아두기
- 문화적 톨레랑스(관용, 포용력) 보여주기
- 매를 들어서라도 가르치고 싶은 원칙·원리에 대해 아이들과 나누기

Chapter 5

진정한 교육적 권위를 갖춘 부모

비굴한 부모에 비루한 자식

교육에서 가장 중요한 것, 가장 중요한 것이 아니라 절대적으로 중요한 것이 있다. 그것은 교육자가 피교육자로부터 교육자로서의 권위와 자격을 인정받는 일이다. 그것을 얻지 못한다면 교육은 원천적으로 불가능하다. 그러나 그와 같은 자격과 권위는 절대로 그냥 주어지지 않는다. 그것은 교사뿐만 아니라 부모도 마찬가지이다. 노력하지 않고 그와 같은 자격과 권위를 강요하는 것을 우리는 권위주의라고 하는데 권위주의적인 의식과 자세를 가진 사람은 절대로 권위와 자격을 얻을 수 없다.

자녀교육에 실패하는 중요한 이유 중 하나는 많은 부모들이 자녀를 교육하려면 자녀들로부터 부모의 교육적인 권위와 자격을 인정받아야만 한다는 사실을 모른다는 것이다. 부모들이 자녀들에게서 부모의 교육적인 권위와 자격을 인정받기 위하여 신경 써야 하는 몇 가지를 함께 생각해보려고 한다. 사람마다 생각이 다를 수 있지만 나름대로 중요하다고 생각하는 몇 가지를 정리해보았다.

아이들은 어렸을 때 자기 부모가 세상에서 가장 강하고 멋있는 사람이라고 생각하고 또 그것을 자랑한다. 어린아이 때 가장 많이 하는 말 가운데 하나가 "우리 아빠는…"이라는 말이다. 그런데 사춘기가 되면서, 철이 들면서 아이들은 부모가 자기가 생각하는 것처럼 그렇게 근사하거나 훌륭한 사람이 아니라는 것을 깨닫게 된다. 그때의 배반감과 실망감은 우리가 상상하는 것 이상이다. 더욱이 그럴 때 부모의 비겁한 모습이나 비굴한 모습을 보게 된다면 그것은 교육적으로 볼 때 아주 치명적이라고 할 수 있다.

아버지의 용기

우리 아버지는 가난했고 직업도 학교 수위였지만 당당한 분이며 진정으로 용기 있는 분이셨다. 어려서부터 나는 그 점이 참 자랑스러웠다. 이제 내가 어려서 아버지께 들은 이야기와 또 직접 내가 본 것을 이야기하려고 한다. 아버지의 고향은 평북 선천이시다. 우리 아버지가 늘 농담처럼 하시던 말씀이 있다. 왜정시대에 일본사람이 살지 못했던 곳이 두 곳 있는데 하나는 개성이고 다른 하나는 선천이었다는 것이다. 개성에 일본사람들이 살지 못했던 것은 개성 상인들이 똘똘 뭉쳐서 일본사람이 도저히 발을 붙일 수 없도록 했기 때문이고 선천에 일본사람들이 살지 못했던 까닭은 당신이 다 때려서 내쫓았기 때문이란다. 아버지는 과연 협객 기질이 있는 분이셨던 것 같다. 열여섯 살 때 선천에 제일가는 일본 깡패를 꺾으셨다는 것이 아버지께서 하시는 이야기인데 아버지 친구분들이나 친척들의 이야기를 들어도 그것이 전혀 근거 없는 말씀은 아니었던 것 같다.

어느 날 일본인 경찰 서장이 만취하여 길거리에서 주정하고 있는 것을 보고 아버지는 그를 부축하여 서(署)로 데려다주려는데 이 서장이 갑자기 우리 아버지에게 주먹질을 했다는 것이다. 우리 아버지는 남에게 맞을 사람이 아니고 더욱이 일본사람에게 맞을 사람이 아니었기 때문에 함부로 주먹질하는 경찰 서장을 흠씬 패주게 되었단다. 얼마나 많이 때려주었던지 그 서장이 병원에 한 달가량이나 입원을 하게 되었다는 이야기다.

결국 그 사건 때문에 아버지는 어머니와 함께 선천을 떠나 만주로 피신을 하시게 되었다. 만주로 피신 갔으면 조용히 지

내서야 하는데 그곳에서 유명한 일본인 깡패를 때려주게 되고 그 깡패의 뒤를 봐주던 일본군 대위까지 패주게 되었다고 한다. 나중에는 그 깡패와 일본군 대위와 친해져서 만주에서 아주 편하게 지내셨다는, 무슨 삼국지 같은 이야기도 하시곤 하셨다.

존경합니다, 아버지!

아버지 이야기를 할 때면 내가 가장 신이 나고 자랑스럽게 생각하는 이야기가 하나 있다. 그것은 난로 뚜껑 이야기이다. 아버지가 근무하는 수위실과 학교 교장실의 난로가 같은 모양의 것이었다고 한다. 어느 날 교장실의 난로 뚜껑이 깨져서 연탄가스가 새나오게 되자 서무과장이 아버지가 비번일 때 수위실 난로 뚜껑과 교장실 난로 뚜껑을 바꿔가버렸다.

다음 날 그 사실을 안 아버지는 깨진 난로 뚜껑을 들고 교장실로 가셨다. 교장실로 들어가는 길에 서무실에 들러 서무과장을 끌고 교장실로 들어가 교장이 보는 앞에서 "교장은 가스를 맡으면 죽고 수위는 가스를 맡아도 사느냐? 교장 선생님 난로 뚜껑이 깨졌으면 새 것으로 사다드려야지 수위실의 뚜껑과 바꿔가면 어떻게 하느냐? 이 뚜껑은 내 것이니 내가

가지고 간다"고 큰소리 치시고 당당하게 자기 뚜껑을 찾아가
지고 나오셨다. 그 사건은 당시 학교에 엄청난 뉴스거리가 되
어 학생과 선생님들 사이에 퍼져나갔다. 아버지는 그 일로 일
약 영웅이 되신 셈이었다. 학교에 아버지를 좋아하는 학생들
과 선생님이 생겨나기 시작했으니 말이다.

비록 아버지가 수위셨더라도 나는 이렇게 나름대로 당당
한 분이던 아버지가 조금도 부끄럽지 않았다. 교장실에서 그
렇게 큰소리치고 자기 난로 뚜껑 찾아 나올 수 있는 수위가
세상에 몇이나 되겠는가? 나는 아버지의 그런 용기가 참 자랑
스러웠다. 늘 부러웠다. 그리고 자식 낳아 아비가 된 후에는
아이들에게 혹 용기 없는 비겁한 아버지로 보여지지나 않을까
얼마나 염려했는지 모른다.

믿음이 용기를 낳는다

아이들은 자기 아버지가 비겁한 사람이 되는 것을 가장 싫
어한다. 부끄러워한다. 자식에게 용기 없고 비겁한 아버지로
비쳐지면 교육은 그것으로 끝이라고 해도 과언이 아니다. 절
대 자식을 가르칠 수 있는 교육적인 권위를 가질 수 없게 되는
것이다. 자식을 가르칠 수 있는 교육적 권위를 획득하려면 무

엇보다 용기 있는 부모가 되어야 한다. 그런데 그 용기가 어디서 오는지 아는가? 나의 아버지같이 용기를 타고나는 사람은 그다지 많지 않을 것이다. 그러나 용기를 타고나지 않는다고 해서 다 비겁한 사람이 되는 것은 아니다.

　우리에게 진정한 용기를 가져다주는 것이 있다. 그것은 믿음이다. 하나님을 믿는 믿음은 우리에게 진정한 용기를 가져다준다. 막내아이가 여섯 살 때 손을 잡고 골목길을 내려가고 있었다. 골목 아래서 초등학교 5학년 아이 하나가 올라오고 있었다. 그 아이를 보자마자 우리 아이가 나에게 "저 형이 나를 때렸어요"라며 일렀다. 아마 며칠 전 그 아이에게 맞은 일이 있으니 그것을 복수해달라는 뜻일 게다. 아이들끼리 좀 싸우고 때린 것을 가지고 어른이 나서는 것이 좀 그렇다는 생각이 들어서 못 들은 척했다. 그러자 절호의 기회를 놓치는 것이 억울했던지 막내가 내 손을 놓더니 자기 발로 뛰어가서 그 초등학교 5학년 아이를 발로 탁 차주고 오는 것이 아닌가?

　여섯 살 꼬마가 5학년 아이를 발로 차주었는데 무사했을까? 물론 무사했다. 옆에 아버지가 있는데 그 아이라고 우리 아이를 어떻게 할 수 있겠는가? 여섯 살밖에 안 된 막내는 그것을 벌써부터 알고 있었다. 아빠가 없으면 삼십육계 줄행랑을 놓아야 하지만 아빠가 옆에 있으면 5학년 형도 전혀 무섭지 않다는 것을 이미 알고 있었던 것이다.

나는 그때 다윗이 어떻게 골리앗을 이길 수 있었는지 분명히 알 수 있었다. 나는 그때 그것을 이런 식으로 생각했다.

"다윗 여섯 살, 골리앗 5학년, 하나님 80킬로그램 어른."

하나님을 정말 믿을 수 있다면 우리는 다윗과 같고 세상은 마치 골리앗과 같다 하여도 겁날 것이 무엇이겠는가? 용기는 믿음에서 오는 것이다. 믿음이 없는 사람은 절대로 용기 있는 사람이 될 수 없다. 자녀를 교육할 수 있는 교육적 권위는 용기에서 오고 용기는 믿음에서 온다는 사실을 마음에 깊이 새길 수 있기 바란다.

깨끗하면 따른다

전에 있던 교회의 여 집사님 한 분이 어느 날 나를 찾아왔다. 남편이 교회에 잘 나가지 않았는데 교회 부흥회에 참석했다가 은혜를 받고 열심히 교회를 다니게 되었다는 것이다. 교회도 그냥 건성으로 다니는 것이 아니라 진심으로 예수를 영접하고 거듭난 그리스도인이 되었다고 했다. 남편이 은혜받고 거듭난 생활을 하면서 그동안의 모든 죄를 회개하는 일들이 일어나게 되었는데, 이때 새로운 사실을 알게 되었다고 한다. 그 분이 식구들 모르게 딴살림 차린 일을 고백하고 회개

했다는 것이다. 식구들 모르게 7년이나 딴살림을 한 여자가 있었고 그 여자와의 사이에 여섯 살 난 아이까지 있다는 것이었다.

그 사실이 탄로가 난 게 아니라 은혜받은 남편이 스스로 고백하더라는 얘기다. 그것이 그 집사님에게는 보통 충격이 아니었던 모양이다. 나를 찾아와 상담한 내용인즉 그런 남편을 어떻게 해야 하겠느냐는 것이었다. 나는 남편을 용서해주어야 하지 않겠느냐고 말했다. 그 사실이 들통난 것도 아니고 예수를 영접하고 스스로 고백한 일인데 아무리 힘들고 어려워도 용서해주는 것이 옳지 않겠느냐고 말했다. 집사님은 자기도 아는데 그것이 도무지 용서가 되지 않아서 그런다고 했다.

나는 그 집사님에게 "구하라 찾으라 두드리라"는 말씀은 병들고 돈 떨어졌을 때만 하라는 기도가 아니다, 지금처럼 용서가 되지 않을 때 용서할 수 있는 능력을 위해 우리에게 주신 말씀일 것이라고 이야기해주었다. 그 집사님은 그 말을 옳게 듣고 집으로 돌아가 남편을 용서할 수 있는 능력을 얻기 위해 정말 열심히 기도했고 결국은 그 기도의 응답으로 남편을 깨끗하게 용서할 수 있게 되었다. 남편은 잘못된 관계를 청산했다. 그러나 여섯 살 난 아이에 대해서는 책임이 있기 때문에 부인 집사님과 합의하여 호적에 올리고 아이를 맡아 키우게 되었다.

모든 일이 잘 정리되었는가 싶었는데 몇 달 후 그 집사님이 또 나를 찾아왔다. 그리고 나에게 "우리 남편, 불쌍해서 죽겠어요"라고 이야기했다. 무엇이 잘못되어서 그러냐고 물어보았다. 부인과의 문제는 잘 해결되었지만 자녀들과의 문제가 힘들어진 게 문제였다. 물론 자녀들도 아버지를 용서하고 이해한다고 했지만 아버지는 도저히 자기 자녀들 볼 낯이 없었던 것이다. 그래서 그 아버지는 자녀들이 다 잠들었을 시간을 기다려 도둑처럼 집에 들어오곤 했고 또 자녀들이 일어나기 전에 정말 도둑같이 서둘러 집을 나간다는 것이다. 나는 그 이야기를 들으면서 죄가 얼마나 무서운 것인가 하고 깨달았다. 죄가 아버지에게서 자식을 가르칠 수 있는 교육적인 권위와 기회를 박탈해가고 말았다는 사실을 알게 되었다.

여러 해 전에 어느 대통령의 동생이라는 사람이 권력을 이용하여 부정 축재한 것이 들통이 나 감옥에 가게 된 사건이 있었다. 추정이지만 그때 그가 부정 축재한 돈이 약 3천억 원이었다고 한다. 3천억 원이라면 당시 은행 이자로 계산할 때 줄잡아 하루 이자만 해도 1억 원이나 되는 엄청난 돈이다. 그 대통령의 동생이 구속되는 모습이 신문마다 사진으로 나왔는데 어느 사진에 보니 고등학교 1학년 되는 딸이 그 모습을 지켜

보고 있었다. 나는 그 사진을 보면서 '이 사람이 참 어리석은 장사를 했구나' 하고 생각했다.

아이들은 부모를 자랑하는 재미로 산다고 해도 과언이 아니다. "우리 아버지는…", "쟤가 누구 딸(아들)이래" 하는 소리를 듣는 것이 아이들에게 얼마나 중요한 일인지 모른다. 그런데 그 아이는 "쟤가 바로 누구 딸이래"라고 수군거리는 소리 때문에 얼마나 고통스러울 것인가. 그 아이는 어쩌면 자기가 누구 딸이라는 것을 숨기고 살았을지 모른다. 그 아이가 자기 아버지를 부끄러워하여 그것을 숨기고 살았다면 그 아버지는 틀림없이 딸을 가르칠 수 없었을 것이다. 그 아버지가 딸에게 도대체 무엇을 가르칠 수 있겠는가? 인생에 대하여, 정직에 대하여, 사람답게 사는 것에 대하여 아무것도 가르칠 수 없는 아버지가 되고 말지 않았는가?

자식 농사가 망했는데 무슨!

3천억 원은 물론 엄청나게 큰돈이다. 그러나 그것은 자녀에게 존경받고 자녀를 가르칠 수 있는 권위를 인정받는 것에 비하면 참 아무것도 아닌 금액이라고 할 수 있다. 세상에 많은 사람들이 어리석은 흥정을 하며 살아가고 있다. 몇 푼 안 되는 돈 때문에 소중한 부모의 권위를 상실한 채 살아가고 있다.

오늘날 우리의 생활은 예전과 비교할 수 없을 만큼 풍족해졌다. 그러나 비교가 되지 않는 것이 또 하나 있다. 그것은 부모의 교육적 권위에 관한 것이다. 오늘날 자기 자녀에게 정직을 가르칠 수 있는 부모가 과연 몇이나 될까? 사람답게 사는 것에 대하여 자녀들을 가르치며 사는 부모가 과연 몇이나 될까?

우리는 소중한 부모의 교육적 권위를 잃어버리고 살아가고 있다. 잃어버린 것이 아니라 그것을 헐값에 팔아버리고 살아가고 있다. 조금 가난하게 살아도 정직하게 살아야 한다. 깨끗하게 살아야 한다. 그리고 자녀들에게 정직에 대하여, 순결에 대하여 당당하게 가르칠 수 있는 교육적인 권위를 회복해야만 한다.

성실함을 물려줄 수 있다면

아버지에 대해 생각할 때 기억에 남는 것이 또 있다. 아버지의 성실함에 관해서다. 아버지는 성실한 분이셨다. 아버지는 남이 보는 앞에서 일하는 것을 무척 싫어하셨다. 그래서 언제나 이른 새벽에 일어나 청소를 하시곤 했다. 그때는 겨울에 난로를 피워 난방을 했고 연료는 조개탄이라는 석탄을 썼다. 학급마다 쓸 하루치 조개탄과 불붙일 때 쓰는 불쏘시개용 나무를 준비해두는 일은 어린 내가 보기에도 참 힘든 일이었다. 그러나 아버지는 그 힘든 일을 실수 없이 언제나 잘 감당하시곤 했다.

아버지의 성실함은 누구나 인정하셨다. 나는 아버지를 좋아하시는 선생님들로부터(나는 중학교와 고등학교 모두 아버지가 수위로 일하시던 그 학교를 나왔다) 아버지가 성실하게 일하신다는 얘기를 종종 듣곤 했는데 그때 듣는 칭찬은 생각보다 훨씬 더 자랑스러운 것이었다.

아이들은 자기 부모가 다른 사람보다 유능하다는 것을 늘 자랑하려고 한다. 그런데 아이들의 자랑은 어른들 같지 않아서 꼭 대단하고 큰 일만 자랑으로 여기는 것이 아니다. 아주 사소한 것 하나라도 자기 부모가 다른 사람보다 잘하는 것이 있으면 아이들은 그것을 정말 대단한 것처럼 생각하고 자랑한다. 세상에서 인정받는 것은 쉽지 않으나 어린 자녀들에게 인정받는 것은 그다지 어려운 일이 아니다. 조금만 신경 쓰고 성실하게 살면 아이들에게는 얼마든지 성실하고 실력있는 부모로 인정받을 수 있다.

사람이 누구나 다 또 언제나 성실한 삶을 살기는 어렵다. 성실하게 산다는 것은 말처럼 쉬운 일이 아니다. 그렇지만 혼자 살 때보다는 결혼하여 자녀를 낳았을 때 자녀를 위하여 작은 일 하나에도 성실한 삶을 살아야 한다고 생각한다. 그리하여 자녀들에게 성실함에 대하여 인정받는 부모가 되어야 한다.

나는 본디 그렇게 성실하고 유능한 사람은 아니다. 무녀독남 외아들이었지만 공부나 기타 다른 일로도 남들처럼 큰 스트레스를 받아본 일이 없어서인지 지나치게 여유 만만하여 강한 성취욕을 불태우며 열심히 공부한다든가 하는 일이 없었다. 그러니 당연한 결과이겠으나 중학교와 고등학교 모두 소위 명문이라는 학교를 다녀보지 못했다. 뛰어난 학생들이 많지 않아서일까 크게 노력하지 않아도 학교에서는 늘 상위그룹에 속했지만 결국 대학진학에는 실패하고 말았다.

당시에 신학대학에 진학하는 일은 그리 어렵지 않았다. 나는 큰 무리 없이 신학대학에 입학했다. 입학한 뒤에도 조금만 긴장하고 성실하게 공부했으면 좋은 성적을 받을 수 있었을지 모른다. 아마 유학도 갈 수 있었을 것이다. 그러나 나는 그때 그것이 그렇게 중요하다고 생각하지 않았다. 다행히 졸업은 했으나 유학 가서 계속 실력을 쌓는 일은 하지 못했다.

나는 내게 공부 잘하는 능력이 없다고 생각했다. 그러나 나중에 알고 보니 그렇지 않았다. 내가 관심을 가지고 집중한 과목은 결코 남에게 뒤지지 않는다는 것을 알게 되었다. 어떤 과목은 다른 사람보다 뛰어난 능력을 발휘하는 경우도 생겼다. 관심을 가지고 공부하여 쓴 졸업논문은 최우수 졸업 논문상을 받기도 했다.

그동안 공부 잘하는 일에 특출하지 못했던 까닭은 무능해서가 아니라 성실하지 못했기 때문이었던 것이다. 많은 사람이 그렇듯 나도 그다지 성실하지는 못했던 것 같다. 솔직히 말하면 그래서 나는 지금도 학업에 대해 열등의식을 가지고 있다.

편향적인 집중력도 문제다

공부하는 일에는 별로 관심이 없었지만 교회 일 하는 데는 관심이 많았다. 교회 일은 누가 억지로 시켜서 열심히 한 것이 아니라 좋아서 열심히 했다. 그렇게 무능한 사람은 아니었기에 관심을 가지고 열심히 하는 일은 남에게 뒤지지 않았다. 그나마 다행스러운 일은 내가 좋아하는 일에 대한 집중력은 남보다 훨씬 뛰어났다는 점이다. 그것이 나의 단점이자 장점이었다. 우리나라의 경우 학교에서 공부를 잘하고 좋은 성적을 올리려면 자기가 좋아하든 싫어하든 고루 집중해서 열심히 해야만 한다. 나에게는 그 능력이 부족했다. 나는 내가 좋아하는 일에만 집중했기 때문이다. 그때 쏟는 집중력은 당연히 여러 가지 일에 집중하는 사람들보다 뛰어났다.

그래서 교회 일을 하는 데는 언제나 뛰어난 성과를 냈다. 무슨 일을 하든 참 열심히 했다. 교회 일이 늘 재미있었다. 교회 일을 할 때는 잠자는 것도 아깝고 밥 먹는 시간도 아까울 만큼 열심이었다. 얼마나 교회 일에 집중했던지 꿈에서도 교회 일과 설교가 생각나곤 했다.

그것은 참으로 하나님의 은혜였다. 나는 억지로 하는 것을 싫어하는 사람인데 내게 가장 중요한 교회를 그리 좋아했으니 말이다. 교회 외에도 좋아하는 것이 있었다. 그것은 운동이었다. 테니스를 처음 배웠을 때였다. 얼마나 재미있었는지 모른다. 새로 산 테니스화가 3주 만에 구멍이 나고 점심 먹는 시간이 아까워서 점심도 거르고 테니스를 치다가 탈진하여 거의 쓰러질 뻔한 적도 있었다.

참 다행이고 감사한 일은 공부하는 것보다는 운동하는 것이 더 재미있었고 그 재미있는 운동보다도 교회 일이 재미있었다는 점이다. 목사가 되지 않았다면 나는 아마 프로운동 선

수가 되었을는지도 모른다. 어떤 운동이든지 남들과 같이 시작해도 언제나 내가 일등이었다.

즐거우면 힘도 덜 든다

그런데 지금은 거의 하는 운동이 없다. 잘하는 운동도 없다. 그간 운동을 거의 하지 않았기 때문이다. 내가 운동을 거의 하지 않는 까닭은 교회 일이 너무나 재미있기 때문이다. 교회 일이 늘 즐거운 것만은 아니다. 힘들 때도 많고 괴로울 때도 많다. 그래도 나는 교회 일이 즐겁다. 나는 설교 준비가 늘 즐겁다. 설교 준비도 그다지 어렵지 않다. 어떤 분들은 설교를 준비하느라 진을 뺀다고 하는데 나는 전혀 그렇지 않았다. 어떤 때는 그것이 너무 부끄럽고 죄송했다. 나는 최근까지도 내가 설교 준비를 쉽게 하는 줄로만 알았다. 진을 빼지 않는 줄 알았다.

그런데 그렇지 않다는 것을 알았다. 내가 그 누구 못지 않게 설교 준비하는 데 많은 시간을 쓰고 있다는 것을 알게 되었다. 힘을 많이 쏟고 있다는 것을 정말 뒤늦게 알았다. 그러나 설교하는 것이 즐겁고 설교를 준비하는 일이 너무나 즐겁기 때문에 미처 그것이 힘들다는 생각을 한번도 해보지 못한 것이다.

목회가 즐거우니 자연히 목회에 성실한 사람이 될 수밖에 없었다. 목회하는 데 성실하니까 자연히 목회에 실력이 붙게 되었다. 전적인 하나님의 은혜로 어느 정도 교회에서 인정받는 목사가 될 수 있었다. 다른 것은 몰라도 목회에 관한 한 나도 성실한 목사 중 하나라고 감히 말할 수 있다. 이 성실함이 목회에는 물론 자녀교육에도 큰 복이 되었다. 그래서 다행히 자녀를 가르칠 수 있는 교육적인 권위를 잃지 않을 수 있었으니 정말 하나님의 큰 은혜가 아닐 수 없다.

자기 인생을 성실함과 실력으로 승부하지 아니하고 꾀와 술수로 승부하려는 사람들이 많다. 성실하게 한 단계 한 단계 밟아 올라가지 않고 모로 가도 서울만 가면 된다는 식의 꾀와 요령으로 인생을 살아가는 사람들이 많다. 꾀와 요령으로 혹여 자리와 돈을 얻을 수는 있을지 모른다. 하지만 중요한 부모의 교육적인 권위는 얻을 수 없다. 그러므로 자녀를 교육할 수 있는 부모가 되려면 작은 일 하나도 꾀부리지 말고 성실하게 땀흘리며 살아야 한다. 성실함으로 인정받는 부모가 되어야 한다.

신앙교육이 교육의 최고봉이다

나는 찬송가 '나의 사랑하는 책'을 좋아한다. "어머님의 무릎 위에 앉아서 재미있게 듣던 말 그때 일을 지금도 내가 잊지 않고 기억합니다."

자녀교육에서 신앙교육보다 더 중요한 교육은 없다. 아무리 다른 교육에 성공한다고 해도 신앙교육에 실패한다면 그 교육은 절대로 성공한 자녀교육이라고 할 수 없다. 가끔 자녀를 미국의 하버드나 예일, 프린스톤 같은 명문대학에 입학시킨 부모들이 자녀교육에 성공한 사람으로 신문이나 잡지에 소개되는 경우를 볼 수 있다.

물론 자녀가 그런 대학에 입학했다는 것은 참으로 귀한 일이다. 그것도 매우 중요한 일이라고 할 수 있다. 그러나 명문대학에 입학하는 데는 성공했다 하여도 그 아이가 바른 신앙교육을 받지 못하여 바른 신앙고백이 없는 사람이 되었다면 그것은 절대로 성공한 자녀교육이라고 할 수 없다.

목사인 아버지의 주례로 결혼을 한 어떤 사람이 있다. 나는 그 사람의 형님을 통하여 그 결혼식이 참으로 감동적이고 은혜로웠다는 말을 전해 들었다. 곰곰이 생각해보니 아버지가 주례한 결혼식보다 더 감동적인 결혼식은 없을 것만 같았다. 그런 생각이 들자마자 나도 내 아들 결혼주례를 직접 해야겠다고 생각했다. 내 아들이 반대만 하지 않는다면 아들의 결혼주례를 꼭 내가 하리라 작정했다.

어느 날 어느 청년의 결혼주례를 하다가 내 아들의 결혼주
례를 상상하게 되었다. 그 순간 나도 모르게 가슴이 뭉클하며
눈물이 흘렀다. 나는 그때 깨달았다. 내 아들의 결혼주례를
할 때는 필히 주례사가 짧아야겠다는 것을 말이다. 왜냐하면
가슴이 뭉클하여 눈물이 흐르기 시작하면 분명 말을 잇기 힘
들어질 테니까.

그때 나는 단 한마디만 해도 평생 잊을 수 없는 감동의 주
례사를 생각해냈다. 단 한마디로 평생 잊을 수 없는 감동을
주는 축복의 주례사는 "예수 잘 믿는 사람이 되라"는 말이다.
"예수 잘 믿는 사람이 되라"는 주례사는 그 한마디로 주례사
를 마친대도 조금도 부족함이 없는 완벽한 주례사라고 생각
한다.

나는 내 아들과 며느리들이 예수 잘 믿는 사람이 되면 틀림
없이 잘 살 거라고 믿는다. 보통 잘 사는 것이 아니라 이 땅에
서도 천국을 사는 것 같은 사람이 될 것을 믿어 의심치 않는다.

교회학교 교사 두 사람이 결혼을 하게 되어 주례를 한 적이
있었다. 대단히 믿음이 좋은 청년들이었다. 두 사람의 결혼주
례를 하다가 감동이 되어 이 다음에 내 아들 며느리 주례를 할
때 하려고 준비한 "예수 잘 믿는 사람이 되라"는 말을 해주고

싶어졌다. 그런데 한편으로 생각하니 내 아들 며느리를 축복하기 위해 준비한 주례사를 먼저 이들에게 해주면 내 아들과 며느리 결혼식 때는 이 말씀이 꼭 중고품이 되는 것 같아 아까운 생각이 들었다. 그때 하나님께서 "야 이 도둑놈아, 네 아들만 위하겠다고 축복의 말을 아끼는 놈이 어디 있냐? 하나님의 말씀이 중고품이 된다는 것은 또 어디서 배웠느냐? 하나님의 말씀은 들어도 들어도 늘 새 포도주 같으니라"고 말씀하셨다.

나는 그때 매우 중요한 사실을 깨달았다. 그것은 하나님의 말씀과 설교는 반복해야 한다는 것이다. 그리고 생각해보니 반복이란 진리를 학습하는 데 가장 중요한 원칙이었다. 반복되지 않는 진리는 절대로 학습되지 않는다는 것을 알게 되었다. 많은 설교자와 교인들이 설교가 반복되는 것에 대해 부정적인 생각을 가지고 있다. 그러나 그것은 사탄에게 속는 것이다. 사탄은 하나님의 말씀이 학습되지 않게 하기 위하여 우리에게 그와 같은 속임수를 쓰고 있는 것이다.

부흥회 같은 결혼식

하나님의 말씀인 성경도 반복되고 있다. 성경 중에서도 가장 중요한 하나님의 말씀이라고 하는 복음서의 반복이 그 대표적인 예라고 할 수 있다. 하나님의 말씀인 성경이 이곳저곳에서 끊임없이 반복되고 있는 것은 진리의 학습을 위해서이다. 그때부터 나는 설교의 반복에 대해 자유로워졌다. 많은 경우 교인들은 설교를 잘 기억하지 못한다. 교인들이 주로 기억하는 것은 설교가 아니라 예화이다. 예화만 바꾸면 교인들은 대개 그 설교가 전에 했던 설교인지 아닌지 잘 기억해내지 못한다.

그래도 나는 교인들이 기억하는 예화를 반복 사용하여 설교하는 것을 좋아한다. 그래야만 진리가 학습되기 때문이다. 덕분에 교인들로부터 한 소리 또 한다는 소리를 듣고 있다. 그것은 설교뿐 아니라 책을 쓰는 데도 마찬가지이다. 많은 예화와 설교가 나의 이 책 저 책에서 반복되고 있다. 그러나 그것은 단순한 반복이 아니다. 나름대로 의도를 가지고 반복하는 반복이다. 그 의도란 진리의 확실한 학습이다.

하나님께 "하나님의 말씀이 중고품이 된다는 것은 어디서 배웠느냐?"는 질책을 호되게 듣고 나서 나는 그 신랑 신부에게 "내 아들과 며느리를 축복하는 심정으로 진심으로 권하는데 예수 잘 믿는 사람이 되라"고 말했다. 그러자 신랑 신부가 그 자리에서 "아멘"이라고 큰 소리로 화답하는 것이 아닌가? 나는 그때 그 신랑 신부의 아멘 소리에 얼마나 큰 은혜를 받았는지 모른다.

은혜로 뜨거워진 마음으로 축복기도를 하다가 나는 그만 눈물을 보이고 말았다. 주례하던 목사가 눈물 흘리며 신랑 신부를 축복하는 참으로 감동적인 결혼식이 된 것이다. 신랑 도 울고 신부도 울고 부모도 울고 하객들도 우는 아주 감동 적인 결혼식이 되었다. 결혼식이 다 끝나고 신랑 신부와 악수 하면서 나는 "야, 우리가 지금 결혼식을 한 거냐 부흥회를 한 거냐?"라며 농담을 했다. 그날 나는 정말 '예수 잘 믿는 사람 이 되라'는 주례사 때문에 부흥회 같은 결혼식을 경험할 수 있 었다.

결국 나는 아들 셋의 결혼주례를 했다. 아이들도 당연히 아 버지가 주례를 할 줄 알았고, 내 착각인지는 모르겠으나 불편 해하거나 싫어하지 않았던 것 같다. 나는 말도 못 하게 좋았 다. 사랑하는 아들과 며느리의 결혼주례를 할 수 있다는 게, 마음껏 아이들의 가정을 축복해줄 수 있다는 게 얼마나 행복 했는지 모른다.

아이들의 가정이 너무 예쁘다. 무엇보다도 한 놈도 예수 밖 으로 튕겨 나가지 않고 예수 잘 믿는 가정이 된 것이 정말 기 쁘고 감사하다. 난 우리 아들들이 이다음에 자기 아이들 결 혼주례를 해주었으면 좋겠다.

혹시라도 그때 내가 살아 있다면 나는 축도를 맡을 수 있 으면 좋겠다. 그때까지 살아 있을 가능성이 그리 높아 보이진

않지만 상상만 해도 좋아서 눈물이 흐른다.

믿음은 믿음의 길로만 전수된다

나는 세상에 가장 중요한 일이 예수를 잘 믿는 것이라고 생각한다. 그러므로 자녀를 교육하는 데 신앙교육처럼 중요한 교육은 없다고 확신한다. 자녀의 신앙교육을 생각할 때 가장 모범으로 예를 들 수 있는 것이 앞에서 소개한 찬송가 234장 '나의 사랑하는 책'의 가사 내용이다.

찬송가 '나의 사랑하는 책'의 가사를 작사한 윌리암스의 어머니는 훌륭한 믿음의 사람이었다. 그녀는 늘 자녀를 무릎에 앉히고 성경을 읽어주던 분이었다. 그 성경 말씀을 읽어주시다가 감동이 되어 우시던 분이었다. 작사자는 그것이 평생 잊을 수 없는 감동이 되었다. 나이가 들면 들수록 그 어머니의 모습을 잊을 수가 없었다. 그리하여 자기도 어머니와 같이 성경을 읽으며 그 말씀대로 살아야겠다고 굳은 다짐과 결심을 하게 되었던 것이다.

신앙은 신앙으로만 가르칠 수 있다. 나는 "믿음으로 믿음에 이르게 한다"는 로마서 1장 17절 말씀을 좋아한다. 믿음은 믿음으로만 이를 수 있다. 나는 자녀의 믿음은 부모의 믿음으로 가장 잘 교육되는 것이라고 믿고 있다. 물론 부모가 믿음이 없는 경우라면 하나님은 다른 통로와 방법으로 그에게 믿음을 주실 것이다. 하지만 가장 귀한 믿음의 통로는 부모의 믿음이라는 것을 나는 의심하지 않는다.

믿음의 조상, 믿음의 자녀

목회를 하는 동안 몇 번은 정말 생명을 걸어야 할 만한 일들이 있는 법이다. 이제까지 목회를 해오면서 생명을 걸고 했던 일 몇 가지가 있다. 그중에 하나가 교회개혁이다. 오랫동안 비판 없이 관행처럼 내려온 제도와 조직을 개혁한다는 일은 지난한 일이다. 목회자로서 생명을 거는 용기가 없으면 결단을 내리기 쉽지 않은 일이다. 하나님의 은혜로 용기를 얻어 교회를 개혁하는 작업을 시작하게 되었다.

교회개혁의 목표는 '하나님이 주인이 되시는 교회'였다. 개혁의 목표를 그렇게 잡은 것은 우리도 모르는 사이에 사람이 교회의 주인이 되어 사람들끼리 자리다툼을 하며 교회를 교회답지 못하게 만들어가고 있다고 생각했기 때문이다.

사람이 주인이 되지 않고 하나님이 주인이 되시는 교회를 만들기 위하여, 특정 인물이나 계층에 권력과 권한이 집중되지 않도록 제도를 바꾸자는 것이 나의 개혁 방안이었다. 그러나 그것은 생각처럼 쉽지 않았다. 이미 형성된 기득권자들의 반발이 만만치 않았기 때문이다. 각오한 만큼 마음고생도 했고 어려움도 당했지만 그로 인해 받은 하나님의 은혜와 축복에 비하면 그것은 정말 아무것도 아니었다. 교회개혁을 통해 받은 하나님의 은혜는 한두 가지가 아니다. 그중에서도 내가 받은 최고의 복은 아들에게 내 믿음을 인정받게 되었다는 점이다.

나는 내 자녀와 후손들이 내 믿음 때문에 믿음을 갖게 되는 축복을 놓치고 싶지 않다. 나는 자녀를 가르칠 수 있는 부모의 교육적 권위 가운데 최고의 권위는 단연 믿음이라고 생각한다. 아브라함과 다윗은 그의 자녀와 후손들에게 '믿음의 조상'이라는 아름다운 이름을 얻었다. 내가 가장 받고 싶은 축복 중에 하나가 바로 그 믿음의 조상이라는 말이다. 믿음의 사람이 되어 자녀와 후손들에게 믿음의 조상으로 칭송받는 복을 누릴 수 있기 바란다.

✏️ 자(子) 은(恩) 부(父) 수첩

- 아버지의 용기는 돈, 권력, 명예보다 교육 특효약이다.
- 과외교습시키려고 돈 벌지 말라. 깨끗하게 살려고 노력하는 부모가 자식을 살린다.
- 성실하면 어떤 직업에 종사하든 자식들이 실력자로 알아준다.
- 신앙교육은 말로 안 된다. 신앙은 신앙을 품은 부모의 삶으로만 전수된다.

📷 부모 역할 체크포인트

- 나는 과연 용기 있는 부모인가? 백화점 세일 때만 용기 있는 부모는 아닌가?
- 나의 교육 정직 지수는 몇 점이나 될까?
- 내 자식들은 나를 어떤 사람으로 평가하고 있는가? 처세에 능한? 야합하는? 아니면 성실하고 우직한?
- 자녀는 부모의 뒷모습에서 배운다고 하는데, 나는 어떤 신앙의 뒷모습을 보여주고 있는가?

오늘부터 이것만이라도

- 진정한 용기에 대해 아이들과 토론하기
- 정직을 배울 수 있는 사례 만들어 보여주기
- 아이와 함께 주일 대예배 드리기

PART 3

포기할 수 없는
자녀교육의 목표

Chapter 6

신앙인격의 기초를 다져라

목표 없는 교육

경주를 할 때 가장 중요한 것은 푯대를 향해 달리는 것이다. 아무리 열심히 그리고 아무리 훌륭하게 경주에 임한다고 해도 푯대를 잃어버린 채 그것을 향해 달리지 않는다면 그는 절대로 경주에서 승리할 수 없다. 나는 일반경주에서 푯대를 잃어버려 실패하는 경우를 본 적이 없다. 그러나 그보다 더 중요한 인생의 경주에서 자신이 달려가야 할 푯대를 알지 못하여 실패하는 사람들은 수도 없이 많이 보아왔다.

자녀교육에서 가장 중요한 것 역시 분명한 목표를 가지고 교육해야 한다는 점이다. 분명한 교육 목표를 설정해놓지 않고 자녀를 교육한다는 것은 마치 달려갈 목표를 정해놓지 않고 경주한다는 것과 마찬가지이다. 달려갈 목표를 정해놓지 않고 경주하는 사람은 없지만 자녀를 교육한다고 하면서 분명한 목표도 정해놓지 않고 교육한다는 사람을 나는 많이 보아왔다.

또 많은 경우 부모들이 자녀교육을 위해 세운 목표라는 것이 엄밀한 의미에서 볼 때 진정한 교육 목표라고 할 수 없는 것이 많다. 목표라고 해야 자녀들을 공부 잘하는 사람으로 키워서 좋은 대학에 들어가게 하고 좋은 대학을 졸업한 후에는 좋은 직장을 얻어 평생 편하게 살게 한다는 정도이다.

그것이 그 자체로 나쁘다거나 꼭 잘못되었다고 이야기할 수는 없다. 하지만 그것을 자녀교육의 목표로 삼는다는 것은 잘못되었다고 분명히 말할 수 있다. 그것은 구체적이고 분명한 자녀교육의 목표가 될 수 없다. 많은 부모들이 자녀교육에 실패하는 보편적인 이유가 여기에 있다.

교육 설계도

집을 지을 때 가장 중요한 것은 무엇일까? 나는 그것이 설계라고 생각한다. 좋은 집을 지으려면 먼저 훌륭한 설계도를 작성하는 일이 최우선이다. 좋은 설계 없이 좋은 집을 지을 수 없기 때문이다. 나는 동안교회 예배당을 새로 지을 때 가능한 한 건축비를 적게 들이려고 애썼다. 왜냐하면 건축비를 많이 들여 예배당을 너무 호화롭게 지으면 가난한 교인들은 교회 건물을 보고 불편한 마음을 먹기 쉽기 때문이다. 나는 교회 건축을 할 때 가난하거나 부유하거나 불편한 마음이 들지 않는 보편적인 교회를 지으려고 꽤나 신경을 많이 썼다. 결과적으로 동안교회는 가장 적은 예산으로 합리적인 예배당을 건축하게 되었다.

그러나 처음부터 예산을 아끼지 않으려고 작정했던 부분이 있었다. 그중 하나가 설계비였다. 남 보기에 그다지 화려한 교회는 못 되어도 설계만큼은 최고로 잘해서 실용적이고 안전한 교회를 짓겠다고 처음부터 생각했고 결국 그대로 했다. 나는 지금도 그렇게 하길 잘했다고 확신하고 있다.

좋은 건축회사를 선정하여 좋은 설계를 뽑아내는 일이 주는 유익은 경험상 다음과 같이 정리할 수 있다.

첫째, 안전성이다. 교회를 건축해보니 설계란 수많은 계산을 해야 하는 아주 복잡한 작업이었다. 한번 계산을 잘못한다거나 실수하는 일은 곧 건물의 안전과 직결되는 일이라는 것도 알게 되었다. 설계대로 시공하지 않아 무너지는 건물도 많지만 애초에 설계가 잘못되어 무너지는 건물도 얼마든지 있다. 그러므로 설계 없이 혹은 설계를 무시하고 주먹구구식으로 집을 짓는 일은 매우 위험한 일이다.

건물 자체의 안전성은 물론 건물을 사용하는 데도 설계를 어떻게 하느냐에 따라 안전의 문제가 달라졌다. 동안교회에서는 한번에 수천 명이 예배를 드린다. 그렇지만 예배가 끝난 다음 교인들은 손쉽게 교회를 빠져나갈 수 있다. 사방에 통로를 만들어서 예배를 마친 많은 교인들이 신속하게 교회를 빠져나갈 수 있도록 설계했기 때문이다.

처음에는 너무 많은 공간을 단순히 계단이나 통로로 만드는 것이 아닌가 하고 생각했다. 그러나 막상 건축이 끝나고 건물을 사용해보니 설계자의 생각이 옳았다는 것을 알 수 있었다. 계단과 복도가 너무 좁아서 예배가 끝난 후에도 많지 않은 교인들이 쉽게 빠져나가지 못하고 우왕좌왕하며 몰려 있는 교회를 보면 불안한 마음이 든다. 만약의 경우 교회에서 사고라도 나면 어쩌나 하는 생각이 들기 때문이다.

좋은 설계가 돈도 아껴준다

둘째, 경제성이다. 나는 교회를 건축하면서 설계사가 유능할수록 건축비가 절감된다는 것을 알았다. 안전성과 경제성은 서로 균형을 유지하기 어려운 개념이다. 안전성에 신경을 쓰다 보면 경제성을 놓치게 되고 경제성에 신경을 쓰자니 안전성에 문제가 생기기 때문이다. 설계를 가벼이 생각하거나 설계비를 아낀답시고 대충 설계하면 안전성과 경제성의 절묘한 균형을 이루지 못하고 안전하면 비경제적이고 경제적으로 지으면 안전하지 못한 건물을 건축할 수밖에 없게 된다.

실력 있는 설계사에게 설계를 맡겨야 가장 안전하고 가장 경제적인 건물을 지을 수 있다. 설계비 한번 아끼려다가 오히려 건축비를 더 쓰게 되는 사람들을 우리는 주위에서도 쉽게 찾아볼 수 있다. 실제로 동안교회와 비슷한 시기에 교회를 건축한 어떤 교회가 있었다. 그 교회는 설계의 중요성을 간과한 채 헐값으로 설계를 맡겼다가 공사가 끝난 후에 추가로 건축비가 많이 들어갔다고 한다. 이것으로 설계가 좋을수록 오히려 경제적이라는 사실도 깨닫게 되었다.

동안교회는 거의 완벽한 설계도로 시공을 했다. 그리고 2년이라는 짧지 않은 공사 기간 중 설계 변경을 한 번도 하지 않았다. 반면에 설계비를 아끼려고 했던 교회는 불완전한 설계 때문에 공사 중에도 여러 번 설계 변경을 했다. 공사를 해본 경험이 있는 사람이라면 다 아는 사실이 한 가지 있다. 그것은 공사 중 설계를 변경하면 그만큼 건축 단가가 올라간다는 사실이다.

동안교회는 교회 건축 완공 후 하자가 별로 없어서 보수 공사를 크게 한 적이 없다. 그러나 설계비를 아끼려고 한 교회는 문제가 많아서 하자 보수를 위한 비용만 해도 꽤 많이 들었다고 한다. 물론 원칙적으로 그 비용은 시공을 맡은 건축회사가 담당해야 한다. 하지만 그 역시 쉽지 않은 일이라서 교회가 감수해야 하는 손해도 이만저만이 아니다.

보기 좋고 버릴 곳 없으면 됐지

셋째, 유용성이다. 설계가 잘된 건물의 특징은 버릴 곳이 없다는 것이다. 공간 처리를 잘하기 때문이다. 그러나 설계가 잘못된 건물은 활용하지 못하고 놀리는 비경제적인 공간이 많다. 똑같은 평수의 건물이라도 설계에 따라서 건물의 활용성과 유용성은 매우 달라진다. 설계에 따라 100평 건물을 200평 건물처럼 사용할 수도 있고 200평 건물을 100평 건물처럼 쓰게 될 수도 있다는 것을 알아야 한다.

사실 동안교회보다 설계를 더 잘한 교회도 상당히 많다. 하지만 동안교회도 설계가 꽤 잘된 교회라고 자부한다. 어디한 곳 버릴 곳이 없다. 건물의 활용도가 매우 높다. 설계가 좋지 않은 교회에 가보면 쓸데없는 공간이 많다는 것을 대번에 알 수 있다. 결과적으로 유용성은 경제성과 관련이 있다. 그렇기 때문에 좋은 설계로 좋은 건물을 짓게 되면 조금 비싸게

든 설계비 정도로 비교할 수 없는 유익을 얻을 수 있다고 생각한다.

넷째, 심미성이다. 한마디로 설계가 잘된 건물은 아름답다. 건물의 아름다움은 전적으로 좋은 설계에 달려 있다. 시공회사가 아무리 시공을 잘해도 맨 처음 설계가 잘못되어 있으면 결코 아름다운 건물이 될 수 없다. 건물은 한번 지으면 최소한 50년에서 100년을 써야 한다. 그런데 설계비 좀 아끼려다가 건물을 우습게 지어놓으면 어떤가? 평생 후회거리가 되지 않겠는가? 튼튼한 것도 중요하고 실용적인 것도 중요하다. 하지만 건물은 아름다워야 한다. 싫증이 나지 않아야 한다. 평생을 살아도 싫증이 나지 않는 건물을 지으려면 설계에 신경을 많이 써야 한다. 결국 설계에 투자를 많이 해야 한다는 말이다.

사랑만으로는 부족하다

자녀교육 역시 좋은 설계가 무엇보다 필요하다. 그런데 대부분의 부모들에게 이와 같은 구체적인 설계도가 없다. 그냥 생각나는 대로 다른 사람들 하는 대로 따라서 자녀를 교육한다. 자녀교육의 실패는 설계도의 부재에 있다. 설계도 없이 지을 수 있는 집도 있다. 그것은 싸구려 판잣집이다. 자녀교육에 대해 구체적인 목적을 세우지 않고 교육하는 것은 설계도 없이 집을 짓는 일이다. 바로 싸구려 판잣집을 짓는 것과 같다.

부모는 자식을 자기 생명보다 더 귀히 여긴다. 그러면서도 자녀교육은 참 엉터리로 하는 경우가 많다. 정확한 설계도를 가지고 그 설계대로 자녀를 교육하는 부모는 뜻밖에 거의 없다. 자녀를 교육하는 데도 안정성과 경제성 그리고 유용성과 심미성이 중요하다. 좋은 설계를 가지고 계획적으로 기도하고 노력하며 자녀를 교육한다면 마치 좋은 설계도를 가지고 집을 건축하는 것과 같이 자녀를 성공적으로 교육할 수 있을 것이다.

자녀를 성공적으로 교육하려면 자녀를 사랑하는 마음만 가지고는 부족하다. 사랑하는 마음에 더하여 구체적이고도 완벽한 설계도를 가지고 있어야만 한다. 내 자녀를 어떠한 자녀로 키우겠다는 목표와 목적이 분명해야 한다. 그리고 그 목표와 목적을 달성하기 위하여 구체적으로 노력하고 기도해야 한다. 천하보다 귀한 생명, 그 생명보다 귀한 자녀를 생각 없이 아무렇게나 키울 수는 없다. 세상에 그것처럼 어리석고 위험한 일은 없다. 그런데 대부분 우리의 부모들이 그렇게 안타깝고 답답한 일을 하고 있다는 데 문제가 있다. 우리 부모들의 교육적인 무모함을 생각하면 아이들이 그만큼이라도 자라 주는 것이 기적 같은 일이라는 생각이 들 때가 있다.

세상의 일은 철저한 계획과 설계를 가지고 해도 실패하는 경우가 많다. 그러나 자녀교육은 그렇지 않다고 생각한다. 우리 부모들은 내 자녀를 위해서라면 그 어떤 희생도 마다하지 않겠다는 마음을 기본적으로 다 가지고 있다. 그렇기 때문에 나는 좀더 계획적으로 자녀를 양육한다면, 좀더 구체적인 목표를 가지고 기도하며 자녀를 양육한다면 훨씬 더 성공적인 자녀교육을 할 수 있으리라고 확신한다.

자녀교육에 임하는 구체적인 목표와 설계에 대해 여러 가지 이야기를 할 수 있겠으나 이 책에서는 크게 10가지로 나누어 이야기하려고 한다. 기독교 교육학자인 글리슨 2세(Gleason Jr.)가 쓴 책 중에 《하나님을 닮아가는 성장 : 신앙인격 발달의 8단계》(Growing up to God : 8 Steps in Religious Development)라는 책이 있다. 그가 말하는 8단계를 구체적인 교육 목표로 차용하여 자녀교육의 목표 10가지로 만들어보았다. 이 장에서는 기본적 신뢰, 자율성, 주도성과 탁월성, 근면성과 성실성, 정체성과 소명 등 교육 설계 중에서도 토목공사(土木工事)에 해당하는 항목을 먼저 살펴보려고 한다. 다음 장에서는 친밀성, 창조성, 통전성, 순결성과 정직성, 용기 등 인테리어 공사에 해당하는 항목을 살펴보도록 하겠다.

1. 기본적 신뢰

자녀를 건강한 아이로 키우기 위해 제일 첫 번째 목표로 삼아야 할 것은 '기본적인 신뢰감'(Basic Trust)을 형성하는 일이다. 아이에게 세상과 사람 그리고 하나님을 신뢰하는 법을 가르치는 것이야말로 자녀교육의 시작이라고 할 수 있다. 왜냐하면 사람에게 가장 중요한 것이 곧 '믿음'이기 때문이다. 사람들은 믿음에 대해 그다지 깊이 생각하지 않지만 세상에 믿음만큼 중요한 것은 없다. 믿음이 없다면 우리는 한시도 이 세상을 편안히 살아갈 수 없다.

간단한 예로 남자들은 이발소에 가서 면도를 할 때 대개 잠을 잔다. 이발소에서 자는 잠은 그렇게 달 수가 없다. 면도를 하면서 단잠을 잘 수 있는 복은 바로 믿음이 주는 선물이다. 이발소에서 쓰는 면도용 칼은 매우 예리하다. 더욱이 그 칼이 어디를 왔다갔다하고 있는지 생각해보라. 한 번만 그으면 단번에 세상을 하직하게 되는 목 위를 왔다갔다 하고 있지 않은가? 시퍼런 칼을 든 사람에게 맨 목을 내맡기고 잠이 들 수 있는 것은 믿음 때문이다.

그런데 믿음에 병이 드는 경우가 있다. 그러면 그는 도저히 정상적인 생활을 할 수 없다. 매사를 의심하고 매사를 부정적으로만 생각하는 사람은 절대로 행복한 삶을 살 수 없다. 그 대표적인 예가 의처증과 의부증이다. 자기 남편, 자기 아내를 믿지 못하고 자꾸 의심하게 되면 정상적인 가정생활은 불가능하다. 세상에 믿지 못하고 산다는 것처럼 불행하고 힘든 일은 없다.

불신은 불행의 동의어

실제로 있었던 일이다. 동네에서 제법 큰 재산을 모은 사람이 세상을 떠나게 되었다. 그에게는 여덟 살 된 아들밖에 없었다. 그는 여덟 살밖에 안 된 어린아이가 그 많은 재산을 지키지 못할 것을 염려한 나머지 세상을 떠나기 전 아들아이에게 이런 유언을 남겼다고 한다. 그 유언인즉 사람을 믿지 말라는 것이었다.

그는 어린 아들에게 너를 가까이하고 친절히 대하는 사람은 전부 다 네 재산을 노리는 도둑놈이라고 생각하고 절대로 믿지 말라고 거듭 당부한 뒤 세상을 떠났다. 불행히도 어린 아들은 그 유언의 내용을 충분히 알아들었다. 정말 불행하게도 그 어린아이는 아버지의 유언을 마음에 새기고 평생 사람을 믿지 않게 되었다. 그는 기적적으로 재산을 지켜냈다. 그러나 재산보다 더 소중한 '삶'을 잃어버리고 말았다.

그는 친척이나 이웃을 다 도둑놈처럼 여기며 살았다. 자연히 그에게는 이웃도 없고 평생 친구도 없었다. 결혼을 했지만 사람을 믿지 못하는 병은 자기 아내와 자식마저도 믿지 못하게 만들었다. 아내를 의심하고 자식을 의심하는 사람과 함께 사는 일은 본인은 물론이거니와 상대방도 매우 불행하게 만든다. 늘 자신을 의심하는 남편, 아버지와 함께 산다는 것이 얼마나 불행한 일인지 좀처럼 상상이 가지 않을 것이다. 그의 부인과 자녀들은 모두 정신과 치료를 받아야 할 만큼 고통을 받았다. 그의 가정에는 많은 재산이 있을 뿐 '삶'은 없었다. 나는 그 가정을 보면서 어린 아들에게 불신을 유언으로 남긴 아버지가 얼마나 큰 잘못을 저질렀는지 알게 되었다.

믿음은 사랑에서 나온다

세상을 긍정적으로 바라볼 줄 아는 사람과 세상을 늘 부정적으로 보는 사람의 삶은 하늘과 땅만큼 큰 차이가 난다. 매사를 긍정적으로 보는 사람은 사람과의 관계도 건강하고 아름다울뿐더러 어려움과 역경을 이겨나가는 데도 탁월한 능력을 발휘한다. 그러나 매사를 부정적으로 바라보는 사람은 사람과의 관계만 서툰 것이 아니라 어려움과 역경을 헤쳐나가는 힘이 부족하여 조금만 어려운 일이 닥쳐도 낙심하고 절망하고 삶을 포기하는 연약함을 드러낸다.

믿음은 소망을 준다. 소망을 가져다주는 것은 편안한 환경이 아니다. 믿음이 우리에게 소망을 가져다주는 것이다. 믿음이 없는 사람은 희망이 없는 사람이다. 희망이 없는 사람은 절대로 이 세상에서 건강한 삶을 살아갈 수 없다. 세상과 사람을 믿을 수 있는 기본적인 신뢰는 궁극적으로 하나님을 믿는 신앙으로까지 연결된다. 세상과 사람을 믿을 수 없는 사람이 어떻게 보이지 않는 하나님을 믿을 수 있겠는가? 실제로 나는 하나님을 믿고 싶은데 믿어지지 않는다고 안타까워하는 사람들을 여럿 보았다. 하나님을 믿고는 싶은데 하나님이 믿어지지 않아서 애를 쓰는 사람의 불행을 우리가 어떻게 쉽게 상상할 수 있겠는가.

서로 믿고 살 수 있다는 것처럼 소중하고 행복한 일은 없다. 자녀가 건강하게 그리고 행복하게 살기 바란다면 이 믿음에 금이 가지 않도록, 신뢰에 병이 생기지 않도록 주의하여 교육해야만 한다. 자녀교육의 기본은 바로 기본적인 신뢰의 형성이다. 그렇다면 기본적인 신뢰는 어떻게 형성될 수 있을까? 크게 두 가지를 이야기할 수 있다. 첫째는 사랑이고 둘째는 믿음이다. 믿음은 사랑을 통해서 형성된다. 참으로 다행스러운 일은 보통의 경우 아이들은 태어나서 극진한 사랑을 받는다는 것이다. 세상에 아이를 출산하는 일보다 행복한 일이 어디 있으며 집안에 아이가 태어나는 일보다 더 복된 일이 어디 있겠는가?

사랑 욕구는 본능이다

아이가 태어나는 것은 온 집안의 경사다. 엄마 아빠의 사랑과 관심은 물론이고 할아버지, 할머니, 삼촌, 이모, 고모 할 것 없이 온 집안 식구들의 관심과 사랑이 아이에게 쏠리게 마련이다. 아이는 그 사랑을 느낀다. 그리고 그 사랑에 행복감을 느낀다. 그 사랑을 통해 아이는 무의식적으로 세상이 믿을 만하다는 것을 배우게 된다. 세상이 참 따뜻하다고 배운다. 반대로 태어나면서부터 충분한 사랑을 받지 못하는 아이들이 있다. 나면서부터 부모에게 버림받는 아이들도 있다. 저들은 그때 마땅히 받아야 할 충분한 사랑과 관심을 받지 못하고 자라게 된다.

전에 시무하던 교회의 여전도회원들은 일주일에 한 번씩 수유리에 있는 어느 고아원에 가서 자원봉사를 했다. 그곳에는 부모에게 버림받은 젖먹이 아기들도 많이 수용되어 있었다.

거기서는 아이들을 바구니에 담아 나란히 뉘어놓고 우유를 먹이는데 일일이 다 안아줄 수 없기 때문에 딱딱한 스펀지에 우유 병을 끼워서 우유를 먹이는 광경을 볼 수 있었다. 여전도회원들 중 아기들을 측은히 여겨 몇 명이라도 안아서 젖을 먹이려 하면 아이들을 돌보는 보모들은 그 일을 말렸다.

한번 사람의 손맛을 안 아이는 계속해서 안아달라고 보채기 때문에 도저히 돌볼 수가 없다는 것이 그들의 말이었다. 나는 그 이야기를 들으면서 얼마나 마음이 아팠는지 모른다. 아이들은 본능적으로 사랑을 갈구한다. 그런 욕구가 있다. 그 욕구가 충분히 채워지지 않으면 아이는 어느새 마음으로부터 세상에 대한 불편을 느끼게 된다. 세상에 대한 불편은 세상에 대한 불만과 불신으로 발전하게 된다. 어려서 부모의 따뜻한 사랑을 받지 못하고 자라난 아이들은 대부분 그 무의식 속에 기본적으로 불신이 자리잡게 되고 그 불신이 바로 그 아이의 평생의 숙제이자 짐이 되는 것이다.

사랑은 신앙심마저 형성한다

나는 비교적 하나님을 믿는 것이 쉬웠던 사람이다. 생각해보니 나는 누구보다 기본적인 신뢰 형성이 잘 되어 있었던 것 같다. 나는 우리 집의 무녀독남으로 태어났다. 나는 아버지가 마흔여덟 살에 낳은 유일한 자식이었다. 더구나 집안에는 10년 동안 아이가 없었다. 그러다가 태어난 아이인지라 나는 온 집안 식구들의 사랑을 흠뻑 받으며 자라났다. 그러면서 나는 가장 중요한 믿음과 신뢰를 배울 수 있었다.

나는 교회에서도 선생님을 잘 만났다. 초등학교 2학년, 청량리중앙교회에서 처음 만난 홍 선생님은 나를 참 사랑해주셨다. 성경암송대회가 있던 날, 일등을 하여 상을 받자 나를 꼭 안아주셨고 예배가 끝날 때까지 나를 당신 무릎에 앉혀주셨다. 내성적이고 조금은 열등의식이 있던 나에게는 너무나 소중히 기억되는 일이다. 그날부터 교회에 가는 것이 나의 제일 큰 낙이 되었다. 나를 사랑하여 안아주는 선생님이 하시는 말씀은 전부 믿어졌다. 조금의 의심도 생기지 않았다. 그 선생님이 나에게 하나님을 가르쳐주셨기 때문에 나는 하나님을 믿었고 그 후로 한번도 하나님의 존재를 의심해본 일이 없었다.

나는 사랑에 관한 한 아주 특별한 복을 받고 태어난 사람이라는 생각이 든다. 자라면서 만났던 좋은 친구와 스승에게서 나는 정말 충분한 사랑을 받았다. 그 사랑이 나를 참 건강하게 만들었다. 세상과 사람 그리고 하나님을 믿을 수 있는 능력을 주었다. 그래서 나는 기본적인 신뢰 형성이 잘된 사람으로 자랄 수 있었다.

믿음은 믿음으로 말미암아 형성된다. 청량리중앙교회에서 자라 신학대학에 갔고 다시 내가 자란 모교회에서 학생들을 가르치는 교육전도사가 되었다. 청량리중앙교회는 가난한 산동네 중턱에 있는 교회였다. 그래서인지 세상적으로 볼 때 조금은 거칠고 말 안 듣는 아이들이 꽤 있었다. 나도 그런 아이를 믿음으로 바로잡은 경험이 있다. 그래서 이제부터 그 이야기를 해보려고 한다. 거칠고 말썽을 잘 부리던 그 아이를 보고 나는 '어떻게 그 아이 버릇을 고칠 수 있을까?' 한참을 고민하다가 큰 모험을 해보기로 결심했다.

마침 그때 내게 사촌동생에게 빌린 스미스 코로나라는 전동타자기가 있었다. 나는 그 아이에게 그것을 동생네 집에 가져다주라는 심부름을 시켰다. 당시 스미스 코로나 전동타자기라고 하면 나에게는 한 몫의 재산이나 다름없는 비싼 물건이었다. 만일 그 아이가 그것을 가지고 도망이라도 가는 날에는 보통 큰 낭패를 보는 것이 아니었다.

하지만 나는 그 아이에게 심부름을 시켰다. 심부름해줄 것을 부탁하자 아이는 나보다 더 놀라는 눈치였다. 내심 나를 어떻게 믿고 이런 물건 심부름을 시키는가 하고 의아해하는 눈치였다. 그러나 나는 모르는 척 아이에게 심부름을 시켰

다. 그리고 조금은 두둑하다 싶게 교통비와 점심값까지 챙겨
주었다.

아이는 내 믿음을 저버리지 않았다. 물론 믿는 도끼에 발등
을 찍히는 경우가 없지 않다. 하지만 사람은 자기를 믿어주는
사람을 그리 쉽게 배반하지 못한다. 특히 아이들은 더더욱 그
렇다. 하나님의 은혜로 그 아이는 심부름을 잘 마쳤다. 그 심
부름 사건이 있은 후 아이는 내 생각대로 반듯해지기 시작했
다. 교회 전도사님이 자기를 믿어주었기 때문이다. 믿음이 믿
음을 불러온 것이었다.

넌, 큰 일 할 놈이다

미국 워싱턴에서 성공적인 목회를 하고 계신 목사님 한 분
을 알고 있다. 그 목사님은 고등학생 때 미국으로 건너가 공
부한 분인데 한때 염세주의에 빠져 히피생활까지 했던 아주
특이한 이력의 소유자이다. 히피생활을 하던 사람이 변하여
목사가 된다는 것은 소설에나 있을 법한 일이며 생각처럼 쉽
게 일어날 수 있는 일이 아니다. 그런데 그 목사님이 자기의
삶을 밑바닥에서부터 돌이켜 돌아올 수 있었던 것은 첫 번째
는 하나님의 은혜이며 두 번째는 아버지의 특별한 믿음과 신

뢰 때문이었다고 고백하는 것을 듣고 큰 감동을 받은 적이 있었다.

그 목사님의 아버지는 군장성 출신으로 전역 후에도 활발하게 사회활동을 하던 분이었다고 한다. 그런데 자기 아들이 히피가 되어 제멋대로 살아가는 모습을 보았을 때 얼마나 낙심이 되고 절망했겠는가? 그러나 그 아버지는 한번도 그런 내색을 하지 않으셨다고 한다. 그리고 끝까지 그를 믿고 신뢰해주셨다는 것이다. 너는 반드시 돌아올 것이고 너는 반드시 큰 일을 하는 사람이 될 것이라고 끝까지 믿고 기다려주셨다는 것이다. "아버지의 믿음과 신뢰 때문에 결국 돌아올 수밖에 없었다"고 고백하는 그 목사님의 간증을 들으면서 나는 얼마나 감동했는지 모른다. 그렇다. 믿음은 믿음에서부터 오는 것이다.

아이에게 기본적인 신뢰감을 형성하게 해주는 일은 얼마나 중요한지 모른다. 인생의 성패가 여기서 결정된다고 해도 과언이 아니다. 그런데 이 믿음이 사랑으로 형성되고 또한 믿음으로 형성된다는 것을 알아야 한다. 아이를 충분히 사랑하고 끝까지 믿어주어야 한다. 아이가 자라다보면 부모에게 실망을 주는 경우도 있다. 하지만 그래도 자식에 대한 믿음을 포기해서는 안 된다. 말이라도 그런 말을 해서는 안 된다. 충분히 사랑하고 끝까지 믿어주어야 한다. 그리고 그 사랑과 믿음을 계속해서 표현해주어야 한다. 충분한 사랑과 끝없는 믿음을 주어 자녀들이 기본적인 신뢰를 형성하도록 돕는 부모들이 다 될 수 있기 바란다.

2. 자율성

하나님은 우리 인간을 창조하실 때 가장 중요한 두 가지를 주셨다. 그것은 하나님의 영(靈)과 자유이다. 인간을 인간 되게 하는 가장 중요한 두 가지가 바로 하나님의 영과 자유이다. 인간에게서 하나님의 영과 자유를 제거한다면 뛰어난 동물 그 이상은 될 수 없을 것이다.

기독교와 미신적인 종교를 군이 비교한다면 중요한 차이점은 무얼까? 하나는 자유이다. 인생을 집 짓는 건축에 비유할 때 미신적인 종교의 컨셉트는 인생의 집은 신(神)에 의해 운명적으로 지어진다는 것이다. 사람들은 그것을 운명 또는 팔자라고 부른다. 그 운명과 팔자는 신이 인간에게 부여한 것이기 때문에 인간은 그 운명과 팔자에 관여할 수 없다. 다만 그 운명과 팔자가 마음에 들지 않으면 신에게 부탁하여 그것을 바꿀 수 있는데 인간이 신을 섬기고 제사하는 가장 큰 이유가 바로 이 운명과 팔자를 바꾸기 위함이다.

그러나 기독교에는 애초부터 그런 운명이니 팔자니 하는 개념이 없다. 하나님은 우리에게 운명과 팔자를 주시는 분이 아니다. 우리 스스로 인생을 건축할 수 있도록 자유와 능력을 주시는 분이다. 하나님은 우리에게 이렇게 말씀하신다.

"네 인생의 집을 한번 마음껏 지어보거라. 내가 뒤에서 지켜줄 터이니 염려하지 말고 지어보거라. 정 어려울 때는 도와주마. 실수할 때는 내가 다시 기회를 주마."

미신을 믿는 사람들의 가장 큰 불행은 운명에 얽매여 자유를 잃어버린다는 것이다. 저들은 이사 하나도 제대로 못하며 산다. 이사를 하려면 점쟁이에게 가서 날짜와 방향을 물어보고 해야 한다. 더욱더 불행한 일은 결혼을 할 때에도 궁합이라는 것을 봐야 하고 아무리 사랑하는 사람을 만나더라도 궁합이 맞지 않으면 결혼할 수 없다고 생각하며 산다는 것이다.

그러나 예수 믿는 사람들에게는 자유가 있다. 이사를 가거나 결혼을 할 때 그런 쓸데없는 신경을 쓰지 않아도 된다. 하나님은 우리들에게 이사할 때는 이리저리 가야 한다거나 꼭 이 날 가야 한다고 말씀하시지 않는다. 하나님은 우리들에게 "어디를 가든지 무엇을 하든지 내가 너와 함께하겠다"고 말씀하신다. 하나님은 인간을 자유하는 인간으로 창조하셨다.

전에 영락교회의 담임목사님이셨던 임영수 목사님에게 어느 날 인터뷰 요청이 왔다. 인터뷰를 마친 기자는 마지막으로 임 목사님에게 이런 질문을 했다.

"목사님은 왜 예수를 믿으세요?"

평범한 것 같지만 평범하지 않은 질문이었다. 대개 목사에게 왜 예수를 믿느냐고 질문하지는 않기 때문이다. 보통 "왜 목사가 되셨어요?"라고 질문하는 일이 예사이지 않은가? 그런데 그 기자는 목사님에게 목사님은 왜 예수를 믿느냐고 질문했다.

그 범상치 않은 질문에 과연 근사한 명답이 나왔다. 목사님은 이렇게 답하셨다.

"자유하는 사람이 되려고 예수를 믿습니다."

정답이었다. 나는 그 대답을 두고두고 잊지 못한다.

"자유하는 사람이 되려고 예수를 믿는다!"

이 얼마나 근사하고 정곡을 찌르는 대답인가?

예수를 믿는 중요한 목적 가운데 하나가 바로 자유이다. 하나님은 우리를 처음부터 자유인으로 창조하셨다. 죄로 말미암아 소중한 자유를 상실하게 되었을 때 하나님은 예수 그리스도를 이 땅에 보내주셨다. 그분이 십자가에 달려 돌아가시기까지, 죄 때문에 죄의 종노릇하며 진정한 삶의 자유를 잃어버린 우리에게 자유를 찾아주셨다. 하나님은 우리에게 이렇게 말씀하셨다.

"그리스도께서 우리를 자유롭게 하려고 자유를 주셨으니 그러므로 굳건하게 서서 다시는 종의 멍에를 메지 말라"(갈 5:1).

예수 믿는 목적이 우리 교육의 목적이 되어야 한다. 우리가 우리 자녀를 어떠한 자녀로 교육해야 할 것인가에 대한 답은 바로 우리가 예수를 믿는 목적에서 찾아야 한다. 그중에 하나가 자유이다. 우리는 우리 자녀를 '자유인'으로 키워야 한다.

유교문화의 폐해

우리 교육의 취약점 가운데 하나가 바로 이 자율성이다. 우리 교육이 아직까지도 아이들을 자율보다는 타율에 의존하여 키우고 있는 것은 아닌지 반성해보아야 한다. 그것은 유교문화의 교육이 갖는 단점이라고 생각한다. 물론 유교문화의 교육적 장점도 있다. 개인적으로 나는 유교문화의 교육적 장점이 단점보다 많다고 생각한다. 그러나 유교문화의 교육은 부모와 어른에 대한 순종을 강조한 나머지 자녀들을 타율적으로 키우기 쉽다.

모든 문제를 스스로 생각하고 판단하기보다 언제나 부모와 어른에게 물어서 하려고 하는 사람이 되기 쉽다. 예의 유교 문화권에서는 그런 아이들을 예의 바르고 반듯하다고 인정한다. 그러나 그것은 옳지 않다. 사람은 때로 실수도 하고 실패도 하는 법이다. 무엇보다 먼저 자기 문제를 스스로 생각하고 판단할 줄 아는 아이로 키우는 일이 중요하다. 그 자유를 어른들에게 불순종하고 버릇없는 것으로 이해해서는 안 된다.

우리 집 큰아이와 둘째아이는 한동대학교를 다녔다. 둘째 아이도 공부를 제법 하는 편이지만 큰아이는 공부를 꽤 잘했다. 수능 고득점자로 분류될 만큼 점수도 높게 받았었다. 그러나 아이는 하나님의 인도하심을 따라 또 나의 권면도 있고 해서 한동대에 입학했다. 그런데 한 학기를 마치고 나자 큰애는 조심스럽게 한동대를 그만두고 재수를 하면 어떻겠느냐고 물어왔다. 선배도 없는 지방대학에 다닌다는 것이 불안하고 조금은 자존심도 상한 모양이었다.

나는 재수하여 명문대에 가는 것 자체를 나쁘다고 생각지는 않았다. 하지만 그런 생각을 하게 된 동기는 별로 좋지 않다고 생각했다. 당연히 나는 반대 의견을 말하고 싶었다. 큰애는 그런 내 생각을 이미 알고 있었기 때문에 조심스럽게 내 의견을 물어온 것이다.

그러나 나는 반대하지 않았다. 네 문제이니 네가 깊이 생각하고 결정하라고 말해주었다. 아이는 의외라는 듯 나를 쳐다보더니 재수하겠다고 결정해도 그렇게 하도록 해줄 거냐고 물었다. 나는 깊이 생각하고 내린 결정이라면 그렇게 해주겠다는 약속을 했다. 나는 정말 그렇게 해줄 작정이었다. 재수를 결정하는 것이 좋은 선택이라고 생각하지는 않았지만 아이가 이해하지 못하는 상황을 무조건 받아들이라고 하는 것은 더 좋지 않다고 생각했기 때문이다. 좋지 못한 선택이라도 숙고(熟考) 끝에 내린 결정이라면 그렇게 해야 한다. 나중에 후회하게 되면 다시 돌아오면 된다고 생각했다.

그렇게 하면 손해가 많지 않느냐고 이야기하는데 나는 그 손해를 통해서 매우 중요한 경험을 하게 될 테니 따지고 보면 크게 손해볼 일도 없다고 말해주고 싶다. 자기 판단이나 생각도 없이 무조건 방황하지 않는 것보다는 좀 손해보고 방황하는 것 같아도 스스로 생각하고 판단하고 결정하는 게 더 낫다는 것이 내 생각이다.

아이는 사흘 동안 기도원에 다녀오겠다며 집을 나섰고 약속대로 사흘 후 기도의 응답을 받고 돌아왔다. 아이는 한동대에 계속 다니겠다는 결정을 내렸다고 했다. 아이는 기도원에서 이사야서 31장 1절 말씀을 읽었다고 했다.

"도움을 구하러 애굽으로 내려가는 자들은 화 있을진저 그들은 말을 의지하며 병거의 많음과 마병의 심히 강함을 의지하고 이스라엘의 거룩하신 이를 앙모하지 아니하며 여호와를 구하지 아니하나니."

선배와 명문대라는 명성 때문에 한동대를 포기한다는 것은 도움을 구하러 애굽으로 내려가는 것과 같은 것이라는 생각을 했단다. 명문대 가겠다는 생각보다 그런 생각을 한 자기의 마음 상태가 비신앙적이라는 생각이 들었다고 한다. 아이는 하나님께 자기 인생을 건다는 믿음으로 재수를 포기하고 다시 한동대로 내려가겠다고 결정했다.

목회를 하다보면 가끔 부모가 자녀들에게 너무 권위주의적이고 폭력적이라는 느낌을 받는 경우를 보게 된다. 물론 부모는 자식을 사랑하기 때문에 그러는 거다. 하지만 사랑이라는 이름으로 행해지는 폭력은 세상에서 감당하기 어려운 일 중 하나일 거라고 생각한다. 사랑하기 때문에 폭력을 가하는 부모들은 자신이 자식에게 폭력을 가하고 있다고 생각하지 못한다. 이때 부모들이 알고 있는 것은 그것이 오직 자식을 위해서라는 것뿐이다. 또 그런 폭력을 당하는 자녀들도 부모의 마음과 사랑을 알기 때문에 무조건 부모를 거역하고 미워할 수도 없다. 그래서 더 괴롭다.

나는 실수하는 것을 두려워하지 않고 살았다. 내 아이가 실수하는 것에 대해서도 큰 두려움이 없다. 실수를 실수인지 모르는 것이 문제이지 실수 그 자체가 문제가 되는 것은 아니다. 실수를 하지 않는다면 어떻게 인생의 지혜를 배울 수 있겠는가? 자녀를 자유인으로 키워야 한다. 아이의 자율성을 인정해주고 보장해주어야만 한다. 그러기 위하여 끊임없이 아이를 사랑하고 믿어주어야만 한다. 자율성은 기본적인 신뢰에서 나온다는 것을 알아야 한다.

부모의 충분한 사랑으로 세상에 대한 신뢰감이 쌓인 아이들은 실수와 실패를 두려워하지 않는다. 부모가 이해해주고 비난하지 않을 것을 알기 때문이다. 기본적인 신뢰가 형성된 아이들은 자율성 또한 쉽게 형성된다. 그러나 부모의 충분한 사랑을 받지 못하여 기본적인 신뢰가 형성되지 못한 아이들은 자율적인 아이보다 타율적인 아이가 되기 쉽다. 어른들의 눈치를 보고 자신의 안전을 위해 시키는 대로 하기에 급급한 타율적인 아이가 되기 쉽다.

아이와 자녀들을 사랑하라. 그리고 신뢰하라. 그리고 저들의 실수와 잘못을 용납해주어라. 저들이 스스로 자신의 문제를 생각하고 판단할 수 있도록 기회를 주라. 그것이 바로 하나님의 교육 방법이다. 하나님이 우리를 그렇게 키우시고 교육하시듯 우리도 우리 자녀들을 그렇게 키우고 교육해야 할 것이다.

3. 주도성과 탁월성

둘째아이가 군에 입대하는 날 훈련소까지 차로 데려다주었다. 가면서 아이의 친구들이 군대 요령을 가르쳐주었다. 집합할 때 앞에도 서지 말고 뒤에도 서지 말고 언제나 중간에 숨어서라는 것이었다. 그래야 걸리지 않고 기합도 덜 받게 된다는 것이다. 나는 그때 아이에게 이렇게 이야기해주었다.

"네가 미꾸라지 새끼냐? 가운데로 파고들어 숨게? 그런 정신으로 살면 오히려 힘들고 피곤하니 정면돌파의 정신으로 군생활을 하거라."

아이는 내 말을 새겨들었다. 그리고 정면돌파의 정신으로 훈련받고 군생활을 했다. 둘째아이는 최전방 수색중대에 배치되었고 그중에서도 유격훈련 조교로 발탁되어 힘든 군대생활을 했다. 그러나 도망가거나 회피하지 아니하고 적극적으로 훈련을 받았다. 하지만 나중에는 유격과 같이 힘든 군생활을 즐길 수 있게 되었다. 아이는 실제로 유격훈련이 재미있다고 했다. 그리고 아버지가 이야기해준 '정면돌파'의 정신이 가장 많은 도움이 되었다는 편지를 보내왔다.

난 그때 우리 아이에 대한 걱정을 내려놓았다. 그리고 웬만한 일에는 아이들을 함부로 야단치지 않았다. 내 새 차를 끌고 나가 앞문부터 뒷문까지 다 긁어와도 야단하지 않았다. 고의로 잘못한 일에 대해서는 매섭게 야단을 쳤어도 실수로 한 일에 대해서는 야단치지 않았다. 기죽을까 봐. 움츠러들고 가운데로 숨을까 봐.

생각해보면 그 정면돌파의 정신이 바로 우리 기독교의 정신이라는 것을 알 수 있다. 하나님은 우리가 세상의 모든 일에 앞장서서 문제를 정면으로 돌파하는 강골(强骨)이 되기 원하신다.

영락교회 고등부를 지도할 때 일이다. 고3 학생 하나가 나를 찾아와서 "목사님, 공부가 인생의 전부입니까?"라고 물었다. 나는 간단히 "아니다"라고 대답해주었다. 그 대답이 싱거웠던지 그냥 돌아가려고 하는 아이를 붙잡아 세워놓고 나는 다짜고짜 "너 공부 못하지?"라고 물었다. 기습적인 질문에 당황한 아이가 "네"라고 대답했다. 나는 그 아이에게 한마디 더했다.

"나는 공부 잘하는 놈치고 그런 질문하는 놈 한번도 본 일이 없다."

당황하는 빛이 역력한 아이에게 한 가지만 더 물어보자며 "네가 공부를 못하는 이유가 공부가 인생의 전부는 아니라는 신념 때문이냐 아니면 그냥 핑계냐?" 하고 따지듯 물었다. 아이는 머리를 벅벅 긁더니 멋쩍게 "핑계가 맞습니다"라고 대답했다.

꺼져가는 등불이 되진 말라

많은 사람들은 예수님의 낮아지라는 말씀을 크게 오해하고 있다. 예수님이 낮추라고 하신 것은 자세이지 실력이 아니다. 자세를 낮추는 것이 겸손이지 실력을 낮추는 것이 겸손은 아니다.

공부를 잘하는 아이가 "저 공부 잘 못합니다"라고 이야기해야 겸손이 되는 것이지 실제로 공부를 못하는 아이가 "저 공부 잘 못합니다"라고 이야기한다고 그것이 겸손이 되는 것은 아니다. 그것은 겸손이 아니라 사실이기 때문이다.

하나님은 상한 갈대를 꺾지 아니하시는 하나님이시다. 그러나 사람들은 하나님이 우리가 상한 갈대 되는 것을 좋아하지 않으신다는 사실을 잘 모르는 것 같다. 하나님은 우리가 상한 갈대가 아니라 어느 누구도 쉽게 꺾을 수 없는 레바논의 백향목 같은 나무가 되기 원하신다. 하지만 우리가 약한 갈대 같은 존재가 되어도 쉽게 업신여기지 않으시고 쉽게 꺾어버리지 않으신다는 얘기다.

하나님은 꺼져가는 등불도 끄지 아니하시는 하나님이시다. 그러나 사람들은 하나님이 우리가 꺼져가는 등불과 같이 연약한 존재가 되는 것을 좋아하지 않으신다는 것은 잘 모르는 것 같다.

하나님은 우리가 활활 타오르는 횃불 같은 존재가 되기 원하신다. 횃불을 좋아하시지만 우리가 꺼져가는 등불 같은 존재가 되었을 때에도 쉽게 포기하지 않으시고 무시하지 않으신다는 데 하나님의 위대하심이 있다. 그렇지만 하나님은 우리가 횃불 같은 존재가 되기 원하고 계신다.

하지만 사람들은 하나님이 상한 갈대와 꺼져가는 등불을 좋아하시는 것처럼 착각하고 있다. 강하고 담대하며 세상에서 주도권을 가지고 앞장서서 살아가는 것이 마치 교만한 일인 것처럼 착각하고 있다. 그러나 그렇지 않다. 겸손은 자세를 낮추는 것이지 실력을 낮추는 것이 아니라는 것을 잊어서는 안 된다.

약함의 신학을 오해 말라

니체라는 철학자는 "하나님은 죽었다"라고 외쳤다. 자기가 하나님을 죽였다라고도 이야기했다. 그는 왜 자신이 하나님을 죽였는지 설명하면서 "나약한 것을 숭상하는 기독교, 인간을 나약하게 만드는 기독교와 그 기독교의 하나님은 죽어야 한다"고 말했다. 니체는 나약한 것을 겸손으로 오해하고 강하고 능력있는 것을 교만으로 치부하는 기독교인들의 잘못된 생각에 반기를 들었던 것이다. 그러나 그는 그것이 생각이 짧은 기독교인들의 오해였다는 사실은 알지 못했다. 그는 그것이 기독교인 줄로 착각했다. 그것이 니체의 실수이자 잘못이었다. 기독교는 나약한 것을 숭상하는 종교가 아니다. 엄밀히 말해서 기독교는 강자(强者)의 철학을 가지고 있는 종교이다.

많은 사람들은 기독교가 무조건 가난하고 약한 사람들을 두둔하고 보호하는 이를테면 사회주의적 철학을 가지고 있다고 생각하는데 그렇지 않다. 그런 면에서 기독교는 오히려 자본주의 철학에 가깝다. 기독교는 가난한 자와 약자를 사랑한다. 하지만 그렇다고 해서 무조건 그들의 편을 들어주지는 않는다. 무조건 도와주지도 않는다. 적절한 비유가 될지 모르지만 기독교는 보호무역주의보다는 자유무역주의에 가깝다고나 할까.

기독교의 하나님은 자신의 자녀들을 온실에서 키우려고 하지 않으신다. 요단강의 창일한 중에 키우려 하신다. 걷는 사람과 경주하는 사람으로 키우려 하는 것이 아니라 말과 경주하는 사람으로 키우려고 하신다. 그러나 그것은 패권주의와는 다른 것이다. 많은 사람들이 가지고 있는 기독교의 편견이 있다. 하나님은 가난한 자와 약자의 편이라는 생각이다. 그러나 그것은 사실과 다르다. 하나님은 가난한 자와 약자의 편이 아니시다. 하나님은 옳은 사람의 편이시다. 하나님은 부자 편도 아니시고 가난한 자의 편도 아니시다. 하나님은 옳은 사람 편이시다. 가난한 자가 옳으면 가난한 사람의 편을 드시고 부자가 옳은 경우에는 부자 편을 드신다.

다만 하나님은 가난한 자와 약한 자를 불쌍히 여기셔서 늘 마음에 두고 계실 뿐이다. 그리고 저들을 도와주고 싶어하실 뿐이다. 그리고 우리도 저들을 하나님과 함께 도와주고 섬겨주기 바라실 뿐이다. 하나님은 우리가 강한 자가 되기 원하고 계신다. 로마서 15장 1절에 보면 "믿음이 강한 우리는 마땅히 믿음이 약한 자의 약점을 담당하고"라는 말씀이 나온다. 나는 '강한 우리'라는 말씀 속에 기독교의 철학이 담겨 있다고 생각한다. 여기서 '우리'란 하나님과 예수 믿는 사람을 의미한다. 여기서 우리는 우리를 향하신 하나님의 마음과 기대를 읽을 수 있다.

그러나 강한 사람이 된다는 것은 누구에게나 쉽지 않은 일이다. 진정한 강함은 타고나는 것이 아니라 부단한 노력으로 이루어가는 것이기 때문이다. 그러나 그 부단한 노력이 누구에게나 쉬운 것은 아니다. 많은 사람들이 그 부단한 노력에 부단히 실패하고 있다. 그래서 강한 사람이 되지 못하고 약한 사람이 되거나 어정쩡한 사람이 된다.

그런데 사람은 대부분 자기 불성실을 잘 인정하려고 하지 않는다. 대개 자기를 합리화하고 은폐하려고 한다. 자기의 연약함, 불성실함, 무능함을 인정하지 않고 겸손이라고 가장하려 한다. 더 나아가서 성실함으로 고지를 정복한 강자를 들어 교만한 사람, 불신앙적인 사람이라고 은근히 매도하려 한다. 그리고 하나님은 강하고 인간적으로 능력 있는 사람을 쓰시지 않고 베드로와 같이 낮고 천한 사람을 당신의 제자로 삼아 쓰셨다는 말도 자주 인용한다. 그러나 그것은 사실이 아니다. 하나님은 베드로와 같은 사람만 쓰신 것이 아니라 다윗과 바울같이 지식이 많고 높은 사람도 사용하셨다.

더 중요한 것이 있다. 베드로처럼 당시 사회적으로 뛰어나지 못한 사람의 경우, 그가 강하고 뛰어난 사람으로 인정받을 수 없었던 것은 개인의 문제가 아니라 사회의 구조적인 문제 때문이었다고 생각된다. 그릇되고 왜곡된 탁월성의 논리를 비판하다가 바른 의미의 탁월성까지 부정하고 부인하면 안 된다. 비판의 여지가 있겠으나 나는 하나님께서 탁월한 사람을 쓰신다고 생각한다. 다만 하나님이 생각하시는 탁월함의 기준이 세상과는 좀 다르다는 것뿐이다. 하나님은 가난한 자와 약한 자 그리고 사회적으로 낮은 신분의 사람도 쓰셨다. 그러나 그 사람들을 자세히 살펴보라. 그들은 모두 개인적으로 탁월한 사람들이었다. 하나님은 사람을 외모로 판단하는 세상 사람들에게 개인적인 능력을 인정받지 못해 가난하고 약하게 된 사람들을 쓰셨지만, 불성실하다든지 자신의 삶을 준비하지 않은 사람을 쓰신 적은 없다고 생각한다.

크리스천은 탁월한 사람이어야 한다. 앞장서서 세상을 이끌어나갈 수 있도록 준비가 되어 있는 사람이어야 한다. 하나님은 우리가 그런 사람이 되기 원하신다. 그리고 그런 사람을 지금도 찾고 계신다. 그러므로 우리는 우리 자녀를 탁월한 사람, 세상을 이끌어나가려고 하는 강한 리더십을 가진 사람으로 양육해야 한다. 주도성과 탁월성은 자녀교육에서 매우 중요한 목표가 되어야 한다.

하나님은 예수 믿는 사람들이 실력 있고 적극적인 사람이 되어 세상과 세상 사람들을 바른 길과 옳은 삶으로 인도하는 사람이 되기 원하신다. 다시 말해서 하나님은 예수 믿는 사람들이 세상의 주도권을 잡기 원하신다. 우리는 우리 자녀를 남의 눈치나 보는 사람, 굿이나 보고 떡이나 먹는 나약하고 이기적인 사람으로 키워서는 안 된다. 매사를 적극적으로 생각하고 사람과 세상의 일에 실패를 두려워하지 않는 사람으로 키워야 한다. 5천 명을 먹이는 사람, 나라와 민족을 축복하는 인물로 기도하며 키워야 한다.

4. 근면성과 성실성

주도성과 탁월성을 가지고 적극적인 삶을 살게 되면 그 사람은 자동적으로 근면한 사람이 된다. 왜냐하면 그렇게 살다보면 사는 것과 일하는 것이 재미있기 때문이다. 매사를 적극적으로 열심히 사는 사람들에게는 일처럼 재미있는 것이 없다. 일이 재미있는 사람은 자연히 부지런하고 근면한 사람이 된다.

그러나 매사에 소극적인 자세로 남의 뒤에 숨어서 눈치나 보며 기회주의자처럼 살아가는 사람들은 나태하고 게으른 사람이 될 수밖에 없다.

하나님은 자신의 일꾼을 부르실 때 언제나 그의 근면성과 성실성을 먼저 보시고 그것을 중히 여기신다는 것을 알 수 있다. 하나님은 우리의 근면성과 성실성을 유능함으로 인정하신다. 나는 베드로가 탁월한 사람이었다고 생각한다. 그것은 베드로가 예수께 고백했던 대로 "밤이 새도록 수고하였으되 잡은 것이 없지마는"(눅 5:5)이라는 말 속에서 찾을 수 있다고 생각한다. 베드로는 아주 성실한 사람이었다. 밤새도록 빈 그물질을 하는 사람은 드물다. 한번 시작한 일은 좀처럼 중도에서 포기하지 않는 아주 성실한 사람이었다.

그가 탁월한 사람으로 보여지지 않았던 것은 사회적인 문제였지 개인적인 문제가 아니었다고 생각한다. 성경의 가르침에 따르면 무능은 대개의 경우 불성실의 결과이다. 사람은 누구나 성실하다면 유능해질 수 있는 가능성을 받고 태어났다고 생각한다.

그래서 성경은 무능한 것을 언제나 게으른 것이라고 말씀하고 있다. 예수님은 한 달란트를 땅에 묻어둔 무능한 종을 악하고 게으른 종이라고 말씀하고 있다. 그가 이익을 남기지 못한 무능한 종이 된 것은 무능했기 때문이 아니라 불성실했기 때문이라는 말씀이다. 하나님이 우리에게 요구하시는 것은 성실함이다. 성경에도 고린도전서 4장 2절에서 "맡은 자들에게 구할 것은 충성이니라"고 말씀하고 있다.

바울만큼 하나님께 잘 쓰임받은 사람도 드물다. 하지만 예수께서 그 당시 예수 믿는 사람을 핍박하던 사울을 불러 바울로 쓰신 까닭은 그의 세상적인 유능함이나 탁월함 때문만은 아니었다. 물론 그 점도 하나님께 십분 쓰임받은 것이 사실이다. 그러나 예수께서 그것 때문에 바울을 불러 쓰신 것은 아니다.

나는 예수께서 바울의 근면성과 성실성에 대해 매우 흡족해하셨다고 생각한다. 예수님은 다메섹 도상으로 예수 믿는 사람을 잡으러 내려가는 사울을 부르셨다. 사울은 그때 자기가 그렇게 하는 것이 하나님을 위하는 일이라고 잘못 알고 있었다. 비록 잘못된 생각이었지만 그는 하나님을 위한다는 생각으로 그 일을 열심히 했다. 만사를 제쳐놓고 생명을 걸고 위험을 무릅쓰고 다메섹으로 내려가고 있었다. 예수님은 사울의 그런 면이 마음에 드셨다. 그 정신으로 하나님의 일을 한다면 틀림없이 훌륭한 하나님의 일꾼이 되리라고 생각하셨다. 예수님은 그를 부르셨고 그런 예수님의 생각은 적중했다.

하나님은 부지런한 사람을 좋아하신다. 하나님은 근면하고 성실한 사람을 언제나 높이 평가해주신다. 그러므로 우리는 우리 자녀를 근면하고 성실한 사람을 목표로 키워야 한다. 근면성과 성실성을 심어주기 위해 부모가 해야 할 일이 있다. 아이들을 깊이 사랑하는 일이다. 부모의 사랑으로 아이에게는 세상과 사람과 하나님을 깊이 신뢰하는 기본적인 신뢰감이 형성된다. 기본적인 신뢰감은 아이가 자율성을 갖도록 돕는다.

그러나 기본적인 신뢰감을 가졌다고 자동적으로 자율성을 갖춘 아이가 되는 것은 아니다. 부모는 자율에 대한 깊은 이해를 가지고 그렇게 교육해야 한다. 자율성을 가진 아이는 자연스럽게 주도적이고 적극적인 아이가 되어 탁월함까지 갖추게 되는 것이다. 탁월함을 갖게 되면 자연히 근면하고 성실한 아이가 된다. 사랑과 신뢰 그리고 자율과 탁월함으로 아이가 근면하고 성실한 사람이 될 수 있도록 기도하고 노력하는 부모가 되어야 하겠다.

5. 정체성과 소명

근면하고 성실한 사람은 자기에게 가장 잘 맞는 일이 무엇인지 찾아낼 수 있는 복을 누리게 된다. 게으르고 성실하지 못한 사람은 자기가 가장 잘할 수 있고 자기에게 가장 잘 맞는 일이 무엇인지 찾아낼 수 없다. 세상에서 가장 행복한 사람이란 누구인가? 자기가 가장 잘할 수 있고 가장 좋아하는 일을 하면서 사는 사람이다. 세상에서 가장 불행한 사람은 자기가 잘할 수 있는 일이 무엇인지 알지 못하여 그것을 놓치고 마지못해 심지어 죽지 못해 어떤 일을 하면서 살아가는 사람이리라.

오늘 우리 부모들이 자녀들에게 범하기 쉬운 보편적인 실수란 바로 아이들의 적성이나 소명을 생각하지 않고 그냥 사회적으로 훌륭하다는 일, 근사해 보이는 일을 하도록 시키는 일이다. 어쩌면 그것이 자녀의 평생을 불행하게 하는 일이 될 수도 있다는 것을 많은 부모들이 간과하고 있는 듯하다.

그러므로 먼저 아이의 적성과 소명이 무언지 찾는 일이 중요하다. 그것을 아이 스스로 찾을 수 있도록 도와주어야 한다. 잘못된 부모의 영향 또한 지대하지만 아이들이 자기의 적성과 소명에 관계없이 사회적인 분위기에 휩쓸려 잘못된 선택을 할 위험성도 매우 높기 때문이다. 부모들은 아이가 스스로 자기의 적성과 소명을 발견하여 자기가 좋아하고 잘할 수 있는 일을 전공과 직업으로 선택할 수 있도록 도와주어야 하고 그것을 위해 기도해야 한다.

그렇다면 자기가 가장 좋아하고 잘할 수 있는 일이란 어떤 일일까? 우리는 그것을 어디서 어떻게 찾을 수 있을까? 그것은 소명에서 찾을 수 있다. 우리는 이 땅에 우연히 태어난 사람들이 아니다. 우리 모두 하나님의 뜻과 계획 속에서 창조된 특별한 피조물이다. 우리에게는 우리를 향하신 하나님의 뜻과 계획이 있다. 그 뜻과 계획이 우리의 소명이다. 하나님은 그 소명을 이루기 위해 우리에게 그것을 잘할 수 있는 은사와 달란트를 주신다.

네가 잘하는 게 소명일 가능성이 높다

소명을 따라 직업과 전공을 선택하면 누구보다 그 일을 잘할 수 있고 좋아하게 된다. 따라서 자기 소명과 정체성을 발견하는 것은 중차대한 일이다. 그러므로 자녀를 교육하는 부모는 자녀가 분명한 자기 정체성과 소명을 발견할 수 있도록 돕는 일을 분명한 목표로 삼아야 한다.

큰애가 대학교 3학년이 되자 드디어 완전히 자기 전공을 결정하게 되었다. 큰애가 다닌 한동대학교는 전공을 결정하고 들어가는 것이 아니라 학교에 들어가서 전공을 택하는 그런 대학이다. 아이는 고등학교 때 이과(理科)를 선택했다. 수학 과목을 좋아해서 자기 적성이 이과라고 생각한 것이다. 적성 검사도 받았지만 이과와 문과(文科)의 적성 비율이 거의 비슷하게 나와서 정확한 적성을 아는 일이 쉽지 않았다. 그러다가 한동대에 들어가 공부하면서 자기 적성이 이과가 아니라 문과라는 것을 알게 되었다.

아이는 전공을 경제로 정했다. 아이가 자기 전공을 경제로 정한 것은 중요한 일이었다. 왜냐하면 큰애는 경영을 전공하려고 했기 때문이다. 초등학교 때 아이는 김우중 씨의 《세계는 넓고 할 일은 많다》라는 책을 읽고 감동을 받은 모양이었다. 그 후로 아이는 줄곧 경영학 공부에 관심을 갖고 준비했다. 그런데 막상 대학에 진학하여 공부해보니 경영보다 경제가 더 재미있고 재능도 있다는 것을 알게 되었다. 결국 아이는 경제학으로 전공을 정하고 경영을 부전공으로 하기로 했다. 그러나 3학년 1학기를 마칠 때쯤 아이는 또 다시 고민하기 시작했다. 국제정치를 공부해보니 그것이 그렇게 재미있을 수가 없다는 것이다. 아무래도 자기는 경영보다 국제정치가 더 적성에 맞을 것 같다고 했다.

곧 부전공을 경영에서 국제정치로 바꾸는 것이 어떨지 묻는 메일이 왔다. 나는 네가 좋아하고 잘할 수 있는 것이 네 소명일 가능성이 높다고 했다. 졸업하여 어느 쪽이 더 돈을 많이 버는가 하는 식의 생각을 버리고 네가 어느 쪽 공부를 더 좋아하며 잘할 수 있는지 생각하여 부전공을 선택하라고 답을 보냈다. 또 평생 좋아하는 일과 공부를 하면서 산다는 것은 너무나 행복한 일이니 네가 좋아하고 잘하는 과목을 택하라는 말도 덧붙였다.

며칠 후 부전공을 경영에서 국제정치로 바꾸었다는 메일이 왔다. 그러고 큰아이는 전공은 경제로, 부전공은 국제정치로 결정했다. 그리고 그 결정에 대단히 만족했다. 그리고 앞으로 어떻게 공부하고 나중에 무슨 일을 할 것인가 하는 계획도 세웠다. 아이는 경제와 국제정치를 공부하여 UN과 같은 국제기구에서 일하게 되기를 원했다. 훗날 하나님께서 기회를 주시면 북한을 위해 일해보겠다는 계획도 세웠다. 아직 어리지만 나름대로 분명한 자기 정체성과 소명을 가지게 된 것이다. 공부해야 할 이유와 분명한 목표를 세우자 아이는 더 반듯해지고 더 성실해졌다. 나는 내 아들이 20대 초반의 나이에 자기 소명과 정체성을 발견하게 된 일이 너무나 감사하다.

한동대에서 경제학을 전공하고 졸업한 큰아이는, 미국으로 유학 가서 개발경제학을 전공하여 박사가 되었고, 한국으로 돌아와 교수가 되었다. 큰아이는 아프리카와 동남아시아의 가난한 저개발국가들의 경제개발에 전문가가 되었다. 20대 시절에 큰아이가 꿈꾸었던 대로 훗날 통일이 된다면 북한의 경제개발을 돕는데 한몫을 담당하리라 기대한다.

둘째는 한동대를 다니다 군대를 다녀온 후에 중퇴를 하고 한국예술종합학교 영상원에 입학하여 졸업했다. 학교를 중퇴하고 영화를 전공하고 싶다는 아이에게 물었다.

"너 영화 하면 밥 굶는다는 거 아니?"

"압니다."

"그래도 하고 싶으냐?"

"그래도 하고 싶습니다."

두말하지 않았다.

"그러면 해라. 두 끼만 먹으면 산다."

둘째는 영화와 드라마 시나리오도 쓰고 연출도 한다. 아직도 고생 중이지만 죽어라 자기 일에 성실하다. 그리고 조금씩 인정을 받아가고 있다.

셋째는 패션 디자이너가 되는 줄 알았다. 미국으로 예수제자훈련학교(DTS)를 일 년 다녀오더니 목사가 되겠다며 신학교에 입학하고, 결국 목사가 되었다. 나는 목사만 주의 종이라는 생각이 없는 사람이지만 그래도 아들 중 하나가 목사가 된다니 기쁘고 감사했다. 목회도 적성이 맞아 제법 잘했다. 내 보기에. 그러다 어느 날 느닷없이 교회를 사임하고 빈티지 옷가게를 하겠다고 내게 의견을 구했다. 이야기를 들어보니 꽤 설득력이 있었다.

"너 좋으면 해라."

주일날 한 열댓 명 교인들과 함께 교회도 한다. 그러나 주중에는 열심히 빈티지 옷가게 사장으로 일한다. 목사가 옷 장사를 한다면 소명감을 잃은 것처럼 생각하는 사람들도 있지만 난 그렇게 생각하지 않는다. 모든 직업은 소명이고 그 일을 주를 위하여 사용하면 그 모든 일과 직업을 통하여 이 땅에 하나님의 나라가 이루어지는 것이라고 믿고 있다.

세 아들이 다 각기 자기 직업과 일에 성실하다. 난 정말 우리 세 아들이 다 나와 같은 성직자라고 생각한다. 주의 종이라고 생각한다.

정체성의 모태는 사랑과 자율이다

죽을 때까지 자기 정체성을 발견하지 못하고 살아가는 불행한 사람들이 얼마나 많은가? 혹은 아주 늦게 발견하여 고민하는 사람은 또 얼마나 많은가? 일찍이 자기 정체성과 소명을 발견하고 살 수 있다는 것은 매우 감사한 일이다. 나는 무녀독남으로 태어나 어려서부터 충분한 사랑을 받고 자랐다. 전쟁 통에 집은 가난하고 어려웠지만 부모님은 내게 풍족한 사랑의 그늘을 드리워주셨다.

그 사랑으로 나는 어려서부터 기본적인 신뢰감이 잘 형성되었던 것 같다. 내가 가진 가장 큰 재산이라면 그것은 세상과 사람에 대한 긍정과 믿음이다. 나는 학생들에게 강의하면서

"믿는 도끼에 발등 찍히는 한이 있어도 믿고 살라"는 말을 자주 한다. 내게 그 정신이 있다. 나는 어려서부터 아주 자유로운 분위기 속에서 자라났다. 나처럼 자율적인 분위기에서 자란 아이가 또 있을까 싶을 정도다. 아버지는 유난히 공부에 대한 욕심이 없으셨다. 당신만 없으셨던 게 아니라 하나밖에 없는 자식인 나에게도 그런 욕심이 없으셨다.

보통 부모 같으면 당신이 못한 공부의 한을 아들에게라도 풀어보려고 했을 텐데 아버지는 그렇지 않으셨다. 고등학교 때부터 "대학은 가서 무엇하냐? 졸업하고 장가나 가라"고 말씀하기 일쑤셨다. 마흔여덟 살에 자식이라고 나 하나를 낳으셨으니 빨리 손자를 보고 싶으셔서 하시는 말씀이거니 생각했는데 아버지는 진담이셨다. 그래서 공부에 대한 스트레스를 받아본 일도 없고 어려서 정말 원 없이 놀았다. 나는 남과 같이 일류학교를 다니며 화려한 학력을 쌓지는 못했지만 그 대신 자녀교육에서 그 무엇보다 중요한 자율성을 갖게 되었다. 나는 자율에 대한 축복을 받았다고 자부한다.

그래서 나는 지금도 남이 시키는 일을 잘 못한다. 판에 박은 일 하는 것을 싫어한다. 변명 같지만 목회학 박사 과정을 밟다가 끝을 맺지 못했다. 과정을 수료했으나 논문을 제출하지 못했기 때문이다. 못한 것이 아니라 안 했다. 학교가 너무 논문의 틀을 일률적으로 정해놓고 거기에 짜 맞추기라도 하듯 논문 쓰는 일을 강요했기 때문이다. 어떻게 생각하면 그것은 오히려 참으로 쉬운 일이었다. 그러나 그것은 내가 가장 하기 싫어하는 일이었다. 하기 싫었거니와 그렇게 할 수 없다고 생각했다. 결국 나는 논문 쓰는 일을 포기했고 박사 학위도 포기하고 말았다.

자율을 원하면 너도 자율을 줘라

나는 내 식으로 생각하고 내 식으로 일하는 것을 좋아한다. 나는 일도 내 식대로 하고 설교도 내 식대로 한다. 뭐든지 내가 생각해서 한다. 건방진 이야기라고 생각하지만 나는 내가 성공한 사람이라고 생각한다. 다른 사람과 비교해서 그렇다는 게 아니라 나 자신을 놓고 볼 때 나는 성공한 사람이라고 생각한다는 거다. 그리고 거기에 만족하고 늘 감사하게 생각하고 있다.

나는 내 성공의 원인이 자율성에 있다고 생각한다. 나는 분명히 내 식을 가지고 있다. 나는 내 식으로 성공했다. 내 식이 나를 성공하게 했다. 내 식이 바로 자율성이다. 나는 어렸을 때 공부를 강조하지 않는 자유로운 분위기에서 자랄 수 있었다는 것에 감사한다. 나의 생각과 판단을 인정해주고 그 점을 키워주신 일에 대해 감사한다.

그래서 나도 내 아이에게 자율성을 심어주려고 나름대로 노력한다. 할 수 있는 대로 무엇이든 지나치게 강요하지 않으려고 노력한다. 뿐만 아니라 함께 일하는 교역자들에게도 나는 가급적 무엇을 지시하려고 하지 않는다.

부교역자일 때도 나는 내가 알아서 일하고 싶었다. 참으로 감사한 것은 그런 일이 가능한 교회에서 부교역자 생활을 했다는 것이다. 청량리중앙교회는 내가 초등학교 때부터 다닌 모교회였다. 그래서 누구보다 자유롭게 일할 수 있었다. 특별히 담임목사님이셨던 임택진 목사님은 나를 당신 아들처럼 생각해주셨고 보통 부교역자들이 상상하기 어려울 만큼 자유로운 분위기에서 사역할 수 있도록 도와주셨다. 생각한 것은 무엇이든지 실행해볼 수 있었다. 성경공부반과 부부교실, 부자교실, 고부교실 등 생각나는 대로 다 실험해볼 수 있었다. 또한 하나님의 은혜로 그 일들은 모두 성공적이었다. 나는 거기서 유익한 목회 경험을 쌓을 수 있었다. 목사님은 부교역자인 내가 잘하는 일이라면 뭐든 진심으로 기뻐해주셨다.

영락교회는 대형교회였기 때문에 나름대로 목회가 자유로웠다. 아마 나와 맞지 않는 교회를 만나 사사건건 간섭받으며 사역했더라면, 그런 교회에서 부교역자 생활을 했었다면 아마 오늘의 나는 없었을지도 모른다.

남이 나를 구속하고 지배하려는 것을 싫어하는 만큼 나도 남을 구속하거나 지배하는 일은 싫어한다. 지시받는 것도 싫어하고 지시하는 것도 싫어한다. 참으로 이해가 안 되는 것은 지시하지 않으면 일을 전혀 하지 못하는 교역자들이 많다는 것이다. 저들은 자율을 오히려 부담스러워한다. 나는 그것이 잘못된 교육 탓이라고 생각한다.

자율과 정체성 찾기

타율적인 사람은 크게 성공하지 못한다. 그런데 놀라운 것은 소위 일류 코스로 공부한 사람들 중에 뜻밖에도 자율적인 사람이 많지 않다는 점이다. 언젠가 김진홍 목사님이 텔레비전에서 강의하시면서 자신은 공부를 안 했기 때문에 성공했다는 식의 말씀을 하신 적이 있다. 좀 역설적이기는 했지만, 내게는 어느 정도 공감이 가는 말씀이었다. 그리고 혹시 나도 공부를 잘 못해서 성공한 것은 아닐까 하는 장난스런 생각도 해보았다. 그러나 나는 그것이 장난 같은 생각만은 아니라고 생각한다.

나는 학교보다는 교회에서 내 실력을 인정받았다. 하나님이 내게 주신 여러 은사 중에는 노래 잘하는 것과 성경암송 잘하는 것이 있다. 교회에서는 노래 잘 부르고 성경암송 잘하면 최고인데 그것을 가장 잘할 수 있었으니 교회에서 언제나 인정을 받은 것이다. 다시 말해 학교에서는 주도권을 잡을 수 없었지만 교회에서는 주도권을 잡을 수 있었다는 얘기다. 내가 탁월한 사람으로 인정받고 주도권을 잡을 수 있는 곳이 있었다는 것은 내게 얼마나 중요한 일이었는지 모른다. 자연히 나는 교회 일에 열심인 사람이 되었고 교회에서 나의 근면성을 마음껏 키워나갈 수 있었다. 학교에서는 부지런하고 근면한 학생이 아니었지만 교회에서만큼은 누구보다도 부지런하고 성실한 학생이었다.

부르심을 좇아 사는 삶

교회에서 열심히 활동하면서 나는 교회가 내 적성에 맞는다는 사실을 발견했다. 교회가 적성에 맞았기 때문에 누구보다 교회 일을 잘할 수 있었고 언제나 교회 일에 앞장서서 일할 수 있었던 것이다. 앞장서서 일하다보니 부지런하게 되고 부지런히 열심히 교회 일을 하다보니 교회 일은 다른 어느 일보다 내게 편안하고 익숙하게 되었다.

결국 나는 교회에서 나의 정체성을 찾을 수 있었고 자연스럽게 신학대학에 입학하여 오늘날 목회자가 되었다. 목회가 늘 쉬운 것만은 아니다. 그러나 나는 정말 목회를 좋아한다. 나는 목회하는 것이 즐겁다. 목회를 하지 않았다면 나는 틀림없이 인생의 실패자가 되었을 것이다. 거의 틀림없이 불행해졌을 거라고 생각한다.

나는 목회가 그래도 제일 쉽다. 목회가 제일 재미있다. 보람이 있다. 그것이 내가 제일 잘할 수 있는 일이다. 평생 자기가 좋아하는 일 그리고 제일 잘할 수 있는 일을 하며 산다는 것은 얼마나 행복한 일인가. 나는 많이 부족한 사람이다. 하지만 하나님의 은혜로 바른 성장에 꼭 필요한 과정들을 놓치지 않고 밟을 수 있었다. 그래서 나는 얼마나 행복한지 모른다. 얼마나 내 삶에 만족하고 있는지 모른다. 이 삶에 대단히 감사하고 있다.

나는 내 아이들이 내가 받은 복을 받았으면 좋겠다. 나는 이 세상에 있는 모든 아이들이 내가 받았던 복을 누렸으면 좋겠다. 모든 부모가 이와 같은 복을 위해 노력하고 기도하는 부모가 되었으면 좋겠다. 행복하고 만족한 삶을 위해 결코 양보할 수 없는 것이 있다면 그것은 정체성과 소명이다. 자녀를 교육하는 세상의 모든 부모는 자기 자녀가 정체성과 소명을 발견할 수 있도록 그것을 목표로 교육하기 위해 기도해야 한다고 생각한다.

✏️ 자(子) 은(恩) 부(父) 수첩

- 신뢰성이 교육의 기초이다. 안 믿고 못 믿는데 무슨 교육인가!
- 어른은 자율적이고 아이들은 타율적으로 키워야 한다는 것은 교육의 횡포이다.
- 그리스도와 세상을 위해 탁월함과 주도권을 잡도록 하라.
- 근면과 성실은 기독교 가정교육에서 가장 강조해야 할 첫 번째 자본금이다.
- 정체성을 못 찾아 어른이 돼서도 고민하는 사람들을 보라. 교육의 기초는 정체성과 소명을 발견케 하는 것이다.

☑️ 부모 역할 체크포인트

- 나는 내 아이들을 어떤 면에서 어느 정도 믿어주는가?
- 아이들에게 자율성을 주기 위한 우리 집만의 교육 방안이 있는가?
- 부모인 나는 탁월함과 주도권에 관해 아이들 앞에서 모범을 보이고 있는가?
- 왜 자율적인 아이가 성실하고 근면하게 생활할 확률이 더 높은가?
- 자기 정체성을 찾기 위해 고민하는 아이가 있다면 어떻게 대해줘야 하는가?

오늘부터 이것만이라도

- 신뢰감과 자율성 회복을 위해 기도하기
- 자녀가 탁월한 사람으로 자라도록 은사와 능력 발견해주기
- 새벽에 일어나 큐티 하는 모습으로 성실의 모범 보이기

Chapter 7

신앙인격의 내실을 다져라

6. 친밀성

이번 장에서는 자녀교육의 구체적인 목표가 되는 친밀성, 창조성, 통전성, 순결성과 정직성, 용기 등 인테리어 공사에 해당하는 항목에 대해 살펴보려고 한다.

자기 정체성을 가지고 안정적이고 성공적인 삶을 사는 사람에게 그 다음으로 나타나는 건강한 특성은 삶의 여유이다. 삶의 여유가 있는 사람은 다른 사람을 이해하고 다른 사람에 대해 '따뜻한 마음'(Intimacy)을 가진다.

그러나 자기 정체성을 가지지 못하고 불안정하고 만족스럽지 못한 삶을 살아가는 사람들에게는 삶의 여유가 없다. 남에 대해 매우 부정적이고 공격적이 된다. 그리고 냉정하고 쌀

쌀맞은 사람이 되기 쉽다.

모든 사람을 경쟁의 대상으로 보고 남의 성공을 배아파하고 남의 실수를 잔인하게 이용하려고 하는 심리처럼 인간을 초라하게 만드는 것이 없다. 우리는 우리 자녀를 그와 같은 사람이 되게 해서는 안 된다. 예수님도 "긍휼히 여기는 자는 복이 있다"고 말씀해주셨다. 하나님은 우리가 사람과 동물 그리고 세상에 대해 따뜻한 마음을 가지고 저들을 대하기 원하신다. 그리고 그런 사람에게 상을 주고 복을 주신다.

하나님은 사람과 세상을 사랑할 줄 모르고 사람의 마음을 아프게 하며 세상과 동물을 학대하고 파괴하는 사람을 싫어하신다. 그는 다른 사람을 이용해 출세하고 세상과 자연을 파괴해 부(富)를 얻어 잠시 성공하는 것 같을지 몰라도 결국은 망하게 된다. 왜냐하면 하나님께서 그의 삶을 인정하시지 않기 때문이다. 하나님의 복을 받는 지름길은 바로 세상과 사람을 사랑하는 것이다. 저들을 대할 때 따뜻한 마음을 갖는 것이다. 그러므로 우리는 우리 자녀들이 따뜻한 마음을 가질 수 있도록 가르치고 기도해야 한다.

주님은 소자(작은 자) 한 사람에게 냉수 한 그릇을 주는 사람은 결단코 그 상을 잃지 않으리라고 말씀하셨다. 소자에게 냉수 한 그릇을 준다는 것이 바로 친밀성이라고 생각한다. 작은 자에게 돈을 주는 것보다 어려운 일이 바로 냉수 한 그릇을 주는 것이다. 나는 소자에게 돈을 주는 일은 어느 정도 훈련이 되었다. 길을 가다가 구걸하는 사람을 만나면 나는 거의 그냥 지나치지 않는다. 어느 때는 일부러 그런 이들에게 주기 위해 주머니에 동전을 준비해 넣고 집을 나서기도 한다.

바쁜 게 아니라 마음이 높아져서

그러나 소자에게 돈을 주는 것보다 어려운 것은 냉수 한 그릇을 주는 일이다. 나는 그것이 솔직히 어렵다. 그것은 아마 당신도 마찬가지일 것이다. 그러나 돈을 주는 것보다 냉수를 주는 것이 훨씬 더 귀한 일이다. 아마 하나님의 상급도 더 클 것이다. 나는 한두 번 소자에게 냉수 한 그릇을 주는 것이 얼마나 좋은 일이며 귀한 일인가를 경험해본 일이 있다. 승동교회에서 목회를 할 때 어느 추운 겨울날 걸인 한 사람이 내 사무실에 찾아와 구걸을 했다.

구걸을 하는 걸인이었지만 옷차림새가 깨끗하고 왠지 구걸에 익숙하지 못한 것 같아 안쓰러운 마음이 든 나는 그를 방으로 들어오라 했다. 추운데 난로 가에서 몸을 녹이고 가라며 차 한 잔을 대접했다. 몇 마디 이야기를 나눈 후 어느 정도 몸이 녹았겠다 싶어서 약간의 돈을 주려고 했더니 그는 한사코 그 돈을 받지 않으려고 했다. 돈을 받은 것보다 따뜻한 차 대접을 받은 것이 훨씬 더 고마웠다는 것이다. 돈을 주는 사람들은 많이 있었지만 차 대접을 해주는 사람은 없었는데 이렇게 목사님이 차 대접을 해주시니 사람대접을 받은 것 같아 얼마나 좋은지 모른다는 이야기를 하면서 그는 울었다. 그래도 나는 그에게 돈을 쥐어주었다. 그때 나는 소자에게 냉수 한 그릇이 얼마나 귀하고 소중한지 깨달았다. 그때 그 마음이 바로 하나님이 원하시고 기뻐하시는 친밀감이었던 것이다.

승동교회로 들어가는 길은 언덕바지 길이었다. 거기는 동사무소가 있었는데 동사무소 앞 공터에서 환경미화원 아저씨들이 쓰레기를 모아 큰 차에 싣는 작업을 하곤 했다. 동사무소 앞 공터까지 청소수레를 끌고 오는 일이 어려워서 여러 사람이 힘을 모아 밀고 끌며 올라오곤 했는데 나는 차를 운전하며 그 길을 지나가다가 저들과 눈이 마주치는 때가 많았다.

별것 아니지만 그것이 늘 마음에 걸렸다. 젊은 목사는 편히 자가용을 타고 그 길을 올라가고 환경미화원 아저씨들은 추운 날이나 더운 날에 고생하며 청소수레를 끌고 올라가는 것이 왠지 좀 불공평해보였기 때문이다. 어느 날 차를 세우고 가게에 들어가 시원한 콜라 몇 병을 사서 "더우신데 목 좀 축이고 일 하십시오"라고 인사하고 그것을 아저씨들에게 드렸다. 그랬더니 금방 얼굴이 퍼지시면서 고맙다고 인사하셨다. 추운 겨울에는 호빵 몇 개를 사서 드리고 더운 여름에는 콜라 몇 병을 사서 드리는 일을 가끔 했다. 그 후로 길에서 그 분들과 마주칠 때마다 서로 반갑게 인사할 수 있었다.

나는 그 일을 지금도 참 행복했다고 기억한다. 그때 내가 저들에게 가졌던 마음이 바로 친밀성일 것이다. 요즘은 일이 바쁘다는 핑계로 그런 마음을 잘 쓰지 못하고 살아간다. 그러나 그것은 바빠서 그런 것이 아니다. 나도 알지 못하는 사이에 마음이 높아져서 그럴 것이다. 하나님은 나의 그런 마음을 기뻐하시지 않을 것이다.

막내아이는 서울역 앞에 있는 남산 쪽방을 섬겼다. 토요일마다 쪽방에 도배해주러 다녔고, 할머니 할아버지와 쪽방에 사는 꼬맹이들을 데리고 눈썰매장과 놀이동산 같은 곳을 다녔다. 어느 날 쪽방 아이들을 데리고 눈썰매장을 가서 사진을 찍었다. 한 대여섯 살 되어 보이는 여자아이 하나가 눈이 매서웠다. 어린아이 눈에 세상에 대한 증오가 가득해 보였다. 그 사진 밑에 우리 막내가 이렇게 써 놓았다.

"얘 눈에는 왠지 가시가 있다. 그러므로 너는 사랑 곱빼기다."

그 글을 읽고 참 기쁘고 감사했다. 그런 마음이 큰아이에게도 있고 둘째아이에게도 있다. 똑똑한 머리도 중요하지만 따뜻한 마음을 갖고 산다는 건 얼마나 중요한 일인지 모른다. 난 우리 아이들이 공부도 잘했으면 좋겠지만 양심적으로 마음이 더 따뜻한 아이들이 되었으면 좋겠다. 그런데 우리 아이들은 감사하게도 정말 그렇다.

세상이 아직 살 만한 이유

예수님의 비유 중에 포도원 주인의 이야기가 있다. 어떤 포도원 주인이 아침 일찍 나가서 하루에 한 데나리온의 품삯을 약속하고 일꾼들을 포도원에 들여보냈다. 주인은 그 이후에도 오전 9시, 낮 12시, 오후 3시, 심지어는 오후 5시까지 나가서 포도원에 일꾼을 들여보냈다. 오후 5시에 들어와 일한 사람은 결국 한 시간 정도밖에 일하지 못했다. 그런데도 주인은 한 시간밖에 일을 못한 일꾼에게 한 데나리온의 품삯을 지불했다. 그리고 하루 종일 일한 사람에게도 똑같이 한 데나리온의 품삯을 지불했다.

그 비유에서 예수님이 말씀하시려고 하는 중요한 내용 가운데 하나는 주인의 따뜻한 마음이라고 생각한다. 포도원 주인의 마음은 자기 포도원보다는, 일거리가 없어서 빈손으로 돌아갈 가난한 일꾼들에게 있었다. 비록 한 시간밖에는 일하지 못했지만 한 데나리온의 품삯을 주었던 것은 저들을 대하는 따뜻한 마음 때문이었다. 나는 그것이 바로 천국시민의 마음이라고 생각한다. 천국은 천국시민의 그런 마음씨가 있어서 천국이 되는 것이라고 나는 믿는다.

성경에 보면 추수할 때 자기 밭이라고 다 추수하지 말고 밭의 네 귀퉁이를 남겨놓으라고 말씀하신 것을 볼 수 있다. 이스라엘 백성들은 하나님의 말씀대로 네 모퉁이를 남겨놓고 추수했다. 가난한 자들을 위한 배려 때문이었다. 뿐만 아니라 들고 가다가 떨어트린 볏단은 줍지 않았다. 이왕에 떨어진 것이니 가난한 사람이 가져가도록 배려한 것이었다.

가난한 자들을 위해 밭의 귀퉁이를 남겨놓고 떨어진 볏단을 줍지 않는 마음이 바로 친밀성이다. 훌륭한 삶을 산 사람들의 마음에는 누구에게나 이 마음이 있었다. 이와 같은 마음 없이 훌륭한 삶을 산 사람은 없었다. 이런 마음 없이도 출세하고 세상적으로 성공한 사람은 있다. 그러나 그런 마음 없이 훌륭한 사람이 된 이는 한 사람도 없다. 이 세상이 살기 힘들고 어려운 까닭은 바로 이 따뜻한 마음씨가 부족하기 때문이다. 이 세상 환경이 하나도 바뀌지 아니하고 그대로 있다 해도 사람들의 마음씨만 바뀐다면 나는 이 세상도 틀림없이 하나님의 나라, 곧 천국이 되리라고 확신한다.

우리는 우리 자녀들에게 친밀성이 생길 수 있도록 도와주어야 한다. 그것을 목표로 교육해야 한다. 아이들에게 쓸데없는 경쟁심만 심어주어 사람들을 친구로 여기지 않고 모두를 경쟁

상대 심지어 적으로 인식하는 살벌한 삶을 살아가게 하는 어리석은 부모가 되어서는 안 된다.

---

7. 창조성

'창조성'(Generativity)이라는 말을 이해하려면 먼저 'Generator'라는 말을 이해하면 된다. 'Generator'란 우리말로 '발전기'란 말이므로 'Generativity'라고 하면 그것은 남의 것을 카피해서 일하는 것이 아니라 스스로 무엇인가를 발전(發電)해서 일하는 것을 의미한다고 보면 된다. 그래서 나는 'Genearativity'라는 말을 '창조성'이라고 번역했다.

동안교회는 청년들이 많이 모였다. 매주일 약 2천 명 정도의 청년들이 교회에 출석했다. 그래서 많은 수의 교회 교역자들이 동안교회의 청년부를 연구하기 위해 주일날 교회를 찾았다. 저들이 관심을 보이는 것은 동안교회 청년부에서 하고 있는 프로그램들이다. 청년부에서 시행하는 좋은 프로그램들을 소개할 때 내가 꼭 하는 말이 있다.

"프로그램을 원하시니 거기에 대한 정보를 드립니다. 하지만 꼭 하나 아셔야 할 일이 있습니다. 그것은 우리 교회 청년부가 이 프로그램 때문에 성장한 것은 아니라는 점입니다. 프로그램 때문에 청년부가 성장한 것이 아니라 청년부가 성장하니까 프로그램이 정착된 것이지요."

대개 프로그램에 대한 정보를 얻으러 다니는 교역자들은 목회에 성공하지 못한다는 것이 내 생각이다. 저들이 목회에 성공하지 못하는 이유를 나는 창조성의 부족 내지는 결여에서 찾는다. 신학적으로 진보적인 교단 출신의 전도사님으로 동안교회 청년부 예배에 1년 이상 참석하신 분이 있다. 청년 목회를 연구하기 위해 한두 주일 동안교회를 방문한 것이 아니라 말없이 1년 동안 함께 예배를 드리게 된 것이다. 나중에 그 이유를 물었더니 그 전도사님은 이렇게 대답했다.

"청년 목회의 마인드를 배우고 싶어서 그랬습니다."

나는 그 말을 들으면서 '아, 이 전도사님은 청년 목회에 성공할 사람이구나'라고 생각했다. 왜냐하면 그는 틀림없이 그 마인드를 배운 후 스스로 청년 목회 프로그램을 만들어낼 것(Generator)이기 때문이다.

붕어빵 만드는 교육

우리 교육의 문제점은 아이들을 창조적인 사람(Generator)

으로 교육시키지 못하고 기계적인 모방자(Copier)로 만들어내고 있다는 것이다. 물론 초기에는 모방도 필요하다. 하지만 결국 모방이 아닌 자기 발전과 창조가 있어야 할 게 아닌가? 모방은 창조를 위한 것이지 모방 자체를 위한 것이 아니라는 것을 유념해야 한다.

사촌동생 하나가 외국의 유명한 음악원과 계약을 맺고 방학 동안에 한국의 학생들을 인솔하여 세계적으로 유명한 교수들에게 개인 레슨을 받게 해주는 일을 해주었는데, 주로 우리나라의 명문 음악대학 학생들을 인솔해가곤 했다. 그런데 외국의 교수들은 우리나라 학생들이 피아노나 그 밖의 다른 악기 다루는 것을 보고 대개 두 번 크게 놀란다고 한다.

첫째는 우리나라 학생들이 연주하기 어려운 곡들을 아주 능숙하게 연주해내는 것을 보고 놀란다고 한다. 다시 말해 우리나라 학생들의 손가락놀림은 가히 세계적이라는 것이다.

그러나 둘째는 우리나라 학생들의 연주가 천편일률적이고 기계적이라는 데 놀란다고 한다. 음악에 대한 이해가 부족하고 특히 음악에 대한 자기 해석이 부족하여 자기 음악으로 만들어내지 못한다는 것이다.

그렇지만 이미 굳어질 때로 굳어져서 아무리 교육시키려 해도 교육이 되지 않는다고 한다. 그래서 그 교수들이 말하길 될 수 있으면 대학에 입학하지 않은 어린 학생들을 데려오는 것이 좋겠다고 한단다. 여기서 우리는 우리 교육의 문제점이 무엇인지 알 수 있다. 그것은 바로 창조성이 결여되어 있다는 것이다.

수석 졸업생이 낙제생

이러한 현상은 비단 음악교육뿐만은 아니다. 후에 중퇴하고 다른 길을 가긴 했지만 우리집 둘째아이도 한동대학교를 다녔다. 아이는 한동대학교에 들어가 산업디자인을 전공으로 선택했다. 어려서부터 그림 그리는 일을 좋아하고 잘했지만 한번도 미술을 전공하겠다는 생각을 해본 일이 없어서 그런 아이들이 보편적으로 받는 훈련을 한 번도 받아본 일이 없었다. 그런데 불쑥 한동대학교에 들어가더니 전공을 산업디자인으로 정했다. 그것이 한동대학교의 특징이라고 할 수 있는데, 우리 아이뿐만 아니라 한동대에서 산업디자인을 전공하는 대부분의 학생들이 그런 형편이다.

우리나라의 보편적인 생각과 기준으로 말하자면 오합지졸 (?)들이 모인 것과 같다고 할 수 있다. 그런데 놀라운 일이 한동대학교에서 일어났다. 산업디자인 계통의 대회에 참여할 때마다 한동대학교 학생들이 상을 휩쓸었던 것이다. 정말 상을 휩쓴다고 하는 표현밖에 달리 표현할 길이 없다. 그것은 참으로 불가사의한 일이 아닐 수 없다. 학교에서도 꽤 놀라는 모양이다. 한동대에서 산업디자인을 가르치고 있는 교수들 말에 의하면 그것이 가능한 이유는 미술에 대한 선입견이 전혀 없기 때문이란다. 한동대 학생들은 어렸을 때 미술학원을 다닌 적이 거의 없다고 한다. 그래서 그림 그리는 기술은 그 과정과 훈련을 받은 아이들보다 상당히 뒤떨어진다. 대신 미술에 대한 선입견이 없기 때문에 그런 훈련을 어려서부터 받은 아이들보다 상상력이 뛰어나다는 것이다.

물론 아이들의 창조적인 상상력을 키워주는 학원들도 많이 있다. 그러나 그렇지 못한 학원도 많다. 불행하게도 우리 아이들은 창조적인 상상력을 키워가는 대신 그냥 기계적인 기술만 가르치는 학원에서 미술을 배우고 있는 것이 현실이다. 어려서부터 그런 학원에서 훈련받은 아이들은 훗날 개인적인 상상력과 창조력이 부족하여 정말 살아 있는 그림을 그리는 일이 쉽지 않게 될 가능성이 크다. 그런데 한동대학교에 입학한 학생들은 다행히 그런 선입견이 없기 때문에 이미 그런 면에서 굳어져버린 학생들이 생각지도 못한 작품들을 만들어낸다는 것이다.

일본 명문대를 수석으로 졸업한 학생이 독일로 유학을 갔다고 한다. 학교에서 시험을 보게 되었고 그는 나름대로 완벽하게 답을 써서 제출했다고 생각했다. 그런 그가 그만 낙제를 하고 말았다. 너무나 놀란 학생이 교수에게 가서 이를 확인했다고 한다. 시험지의 답은 완벽할 만큼 정확했다. 그러나 교수의 지적은 이랬다. 내가 가르친 것은 시험지에 죄다 있는데 학생 자신의 생각은 단 한 줄도 없어서 낙제를 줄 수밖에 없었다고 했다는 것이다.

실제로 우리나라 명문대 출신 학생들이 독일 같은 나라로 유학 가서 공부에 적응하지 못하고 실패하는 경우가 종종 있다고 한다. 대부분 그 이유는 이처럼 공부하는 방식이 다르기 때문이며 그 방식에 적응하지 못하기 때문이라고 한다. 이것이 바로 우리 교육의 아주 심각한 문제라고 할 수 있다. 우리는 아이들의 자율성과 창조성을 키워주는 일에 아주 취약하다. 그래서 창조성 위주로 교육하는 서양 아이들과 비교할 때 처음에는 굉장히 앞서가는 것 같지만 나중에는 뒤지게 되는 것이다.

궁금해서 물어볼 때까지 기다려라

막내아이는 아주 좋은 유치원을 다녔다. 어느 여자대학 부설로 운영되는 유치원이었는데 원장이 미국인 여성이었다. 그런데 아이가 유치원에 입학하여 한 달이 넘도록 아이는 교실에는 들어가지 않고 유치원 마당에서 모래 장난만 하다가 돌아오는 것이 아닌가. 더 놀라운 것은 한 달이 지나도록 선생님들이 우리 아이에게 유치원 교실로 들어오라는 이야기를 하지 않더라는 것이었다. 부모로서 이해하기 어려웠다. 나는 모래장난만 하고 돌아오는 아이 때문에 속이 탔다.

한 달이 지나자 아이는 제 발로 교실에 들어갔다. 드디어 교실에서 수업을 받게 되었는데 교실 수업도 참 특이했다. 교실에는 여러 학습 코너가 준비되어 있었다. 아이들이 이곳저곳 보다가 자기가 흥미 있는 코너에 가서 앉으면 그날 수업이 이루어지는 것이다. 어느 날 내가 유치원을 방문했을 때 유치원 마당에는 피구 놀이를 하게끔 금이 그어져 있고 공도 하나 놓여 있었다. 그러나 어느 선생님도 아이들에게 피구를 하자고 이야기하지 않았다. 그냥 금만 그어놓고 공만 갖다놓았을 뿐이었다. 그것이 궁금한 아이들 몇이 마당으로 모여들었다. 그중 한 아이가 선생님에게 물었다.

"선생님 이게 뭐예요?"

"응, 그거 피구야."

그러나 그것으로 끝이었다. 피구가 무엇인지 설명도 해주지 않았고 피구를 하자고 하지도 않았다. 그러자 또 한 아이가 물었다.

"선생님 피구가 뭐예요?"

그때서야 선생님은 아이들에게 피구에 대해 설명해주기 시작했다. 그러나 선생님은 끝까지 피구를 하자는 이야기는 하지 않았다. 아이들이 "선생님, 우리 그거 한번 해봐요"라고 이야기하자 드디어 피구 게임이 시작되었다. 나는 그날 유치원의 학습 광경을 지켜보면서 '우리 아이를 참 좋은 유치원에 보냈구나' 하는 생각을 했다.

　수능 성적으로만 이야기하면 세 아이 중 막내가 제일 성적이 떨어진다. 그러나 창조적인 생각을 해내는 데는 막내아이가 세 아이 중 가장 뛰어난 것 같다. 나는 그것이 유치원 교육 때문이라고 생각한다. 그리고 은근히 막내에게 기대하고 있다. 후에 그 교육의 효과가 어떻게 나타날지 매우 궁금하다. 훗날 막내가 자기 일에 제법 성공하는 사람이 된다면 나는 그 이유 중 하나가 아이를 그 유치원에 보냈기 때문이라고 여기게 될 것 같다.

　창조적인 사고(思考)를 할 줄 모르는 사람은 나중에 아주 따분한 삶을 살아가게 된다. 많은 사람들이 자기 일에 흥미를 느끼지 못하고 목구멍이 포도청이라느니, 처자식 먹여 살리기 위해 할 수 없이 일한다느니 하는 까닭은 창조적인 생각을 가지고 자기 일을 하지 못하기 때문이라고 생각한다.

　늙어도 꿈을 꾸며 자기 아이디어를 가지고 일을 하면서 살 수 있다면 사는 것이 얼마나 즐겁고 행복하겠는가? 아이들을 행복하게 해주고 싶은가? 그러면 아이들을 달달 볶지 말고 아이들이 자유롭게 마음껏 자기 상상력을 펼치며 공부하고 살수 있도록 기회를 주어라. 부모는 아이들이 창조성을 가질 수있도록 기도하며 여건을 조성해주는 일을 해야 한다.

8. 통전성

내가 성경에서 가장 좋아하는 말씀 중 하나는 "우로나 좌로나 치우치지 말라"(수 1:7)라는 말씀이다. 나는 그 말씀이 좋다. 그리고 나는 정말 우로나 좌로 치우치지 않는 균형 잡힌 생각을 하며 사는 사람이 되고 싶다.

대학교 2학년 때 일이다. 여름방학에 철학사 한 권을 정독한 적이 있었다. 쉽지 않았지만 책을 붙들고 씨름하여 철학사를 한번 훑을 수 있었다. 그런데 그것이 나의 평생에 큰 도움이 되었다. 매우 중요한 사실 하나를 배울 수 있었기 때문이다. 그것은 사상이 좌우 널뛰기를 하면서 이제까지 왔다는 사실이었다. 그것은 나중에 신학사와 교리사를 공부하면서 재차 확인할 수 있었다.

오른손잡이와 왼손잡이가 있듯이 생각과 사상에도 왼손잡

이와 오른손잡이가 있다는 것을 알게 되었다. 우리는 생각과 사상의 왼손잡이를 '좌익'이라고 부르고 생각과 사상의 오른손잡이를 '우익'이라고 부른다. 우리는 흔히 오른손을 바른손이라고 부른다. 왜냐하면 왼손잡이보다 오른손잡이가 더 많기 때문이다.

그러나 오른손을 바른손이라고 하는 것은 잘못된 생각이다. 그것은 편견이며 다수의 횡포와 폭력이라고 할 수 있다. 왼손잡이에게는 왼손이 바른손인데 우리는 저들에게도 오른손만 바른손이라고 강요하고 있다. 옛 어른들은 아이들이 왼손을 쓰면 혼을 내곤 했다. 그리고 바른손을 쓰라고 강요했다. 그래서 왼손잡이 아이들이 엄청난 스트레스를 받았고 올바른 발달과 성장을 할 수가 없었다. 익숙하지 못한 오른손으로 오른손잡이와 경쟁을 해야 했으니 그것은 보통 억울한 일이 아니었다.

사람들은 대부분 다른 사람의 입장을 잘 이해해주려고 하지 않는다. 자기 입장에서만 생각하고 자기 입장과 다르면 무조건 틀린 생각이라고 단정하는 편협함이 누구에게나 있다. 이것을 극복하지 못할 때 세상은 좌우의 갈등에 휘말리게 되는 것이다. 그리고 그 좌우의 갈등이 역사와 사회 발전을 더디게 하고 심지어는 역사와 사회를 파괴하게 되는 것이다.

그것은 신학도 마찬가지이다. 신학은 좌우로도 갈등을 빚었지만 대개 상하(上下)로 갈등을 빚어왔다. 신학은 크게 하늘에 관심과 중심을 두는 초월주의 신학과 땅과 세상 그리고 역사에 관심과 중심을 두는 내재주의 신학으로 나뉘어 갈등을 빚어왔다. 단순 논리로 말할 수는 없지만 대개 기독교장로교회는 이제까지 하늘보다 땅에 관심을 가진 신학을 견지해왔다. 그래서 저들은 사회정의에 관심이 많았다. 기독교장로교의 신학교인 한신대는 사회 불의에 항거해 데모를 잘하는 학교로 소문이 날 정도였다. 그런 면에서 기독교장로교단은 어느 교단과 교파보다 우리나라 민주화에 공이 컸다고 생각한다.

그러나 고신 교단과 합동 교단 그리고 순복음교회 같은 교파들은 하늘에 관심을 가지는 신학을 견지해왔다. 한국교회의 부흥은 그와 같은 교단의 신학과 무관하지 않다. 저들의 초월주의적인 신학이 교회 부흥을 일으킨 것이 사실이다.

그러나 초월주의 신학과 내재주의 신학은 나름대로 약점을 지니고 있다. 초월주의 신학의 장점은 하늘이지만 언제나 땅이 약점이었다. 내재주의 신학의 장점은 땅과 역사였지만 저들의 약점은 언제나 하늘이었다. 그것을 서로 인정하고 나와 다른 신학을 하는 교단과 사람들을 인정하고 품을 수 있어야 하는데 우리는 그렇게 하지 못하고 서로 갈등하고 배척하며 서로를 비난하는 일들을 해온 것이 사실이다. 그와 같은 갈등은 비단 우리 한국교회만의 문제가 아니라 세계 모든 교회의 문제이며 이제까지 교회사의 문제였다고 할 수 있다.

사람들 중에는 흔치 않지만 양손을 다 쓰는 사람들이 있다. 양손을 다 쓰는 사람들은 아마도 오른손이나 왼손 어느 한 손을 바른손이라고 생각하지 않을 것이다. 그러므로 우리 모두가 다 양손잡이가 된다면 그와 같은 좌우의 갈등은 없어지게 될 것이다. 사상과 신앙도 마찬가지이다. 그러나 그것은 실제로 불가능한 일이다. 오른손과 왼손을 동시에 쓰는 양손잡이가 흔치 않듯 좌우의 사상과 상하의 신앙을 동시에 다 가지고 있는 완벽한 사람을 찾는다는 것은 불가능한 일일 것이라고 생각한다.

버릴 건 다양성이 아니라 아집이다

그러나 이와 같은 갈등을 해소하고 해결하기 위해 모두가 다 사상과 신앙의 양손잡이가 될 필요는 없다고 생각한다. 오른손잡이는 오른손을 더욱 연마해나가고 왼손잡이는 왼손을 더욱 연마해나가는 것이 자신과 세상을 위해 훨씬 더 유익할 것이다. 자기 손만 바른손이라는 고집을 버리고 자기와 다른 생각과 사상 그리고 신앙을 가지고 있는 사람을 인정해주는 것만으로도 온전한 사람이 될 수 있다고 생각한다.

나는 그런 사람이 되고 싶다. 나는 사상과 신앙의 오른손잡이지만 사상과 신앙의 왼손잡이를 잘 이해하는 사람이 되고 싶다. 그와 같은 능력을 우리는 '통전성'(Integrity)라고 한다. 본시 'Integrity'라는 말은 '완전하다'는 뜻이다. 완전함은 좌와 우 그리고 상과 하가 조화를 이루었을 때에만 가능하다. 그렇기 때문에 좌와 우 그리고 상과 하 하나만으로는 완전을 이룰 수 없고 좌와 우가 통(統)하고 상과 하가 통할 때만 완전하게 된다는 뜻에서 '통전'(統全)이라는 말을 쓴다. 그런 의미에서 나는 'Integrity'를 '통전성'(統全性)이라고 번역하는 것이 옳다고 생각한다.

나는 '통전적'이라는 말이 너무나 좋다. 세상을 살아갈수록 사물과 사실을 통전적으로 볼 수 있다는 것이 얼마나 중요한가를 깨닫게 된다. 그것은 대인관계나 사회생활에서뿐만 아니라 개인생활에서도 바르고 건강한 철학과 가치관을 갖는다는 측면에서 매우 중요하다. 행복한 삶을 위해서 '진리를 바로 이해하는 것'처럼 중요한 일도 없다. 진리를 무시하고 제 욕심을 따라 마음대로 사는 것도 문제이지만 진리를 바로 파

악하지 못해 불완전한 진리를 진리인 줄 알고 살아가는 것도 문제가 된다는 것을 인식해야 한다.

'깨끗한 가난'과 '가난하면 깨끗하다'의 차이

나는 교회에서 '신앙과 돈'이라는 주제로 자주 설교했다. 돈에 대한 설교를 하면서 나는 우리가 얼마나 돈에 대해 편향된 생각을 가지고 살아가는지를 더욱 절감하게 되었다. 돈에 대해 통전적인 이해를 가지고 있는 사람이 많지 않다는 것을 알게 되었다. 돈이면 무조건 축복인 줄 알고 그것만 있으면 무조건 잘 살게 되는 줄 알고 돈을 위해서라면 수단과 방법을 가리지 않고 막 사는 사람들이 있는가 하면 돈 그 자체를 악한 것으로 보거나 돈을 부정적으로 이해하는 사람들도 많다.

청빈(淸貧)을 '가난하게 살아도 깨끗하게 사는 것'으로 이해하지 아니하고, '깨끗하게 살려면 무조건 가난해야 한다'든지 '가난한 것이 곧 깨끗한 것이다'라고 이해하는 사람들이 적지 않다는 것도 알게 되었다. 나는 그것을 돈에 대한 편견이라고 생각한다. 우리 삶에 가장 밀접한 돈에 대해 통전적인 생각을 갖지 못하고 편견을 가지고 살아가는 것은 우리 생활과 삶을 얼마나 왜곡하는지 모른다. 그것은 비단 돈뿐만이 아니다.

모든 것에 대해 좌로나 우로 치우치지 않는 건강하고 온전한 생각을 갖는다는 것은 너무나 중요한 일이다.

편견에 사로잡혀 사는 사람처럼 남에게 피해를 주는 사람은 없을 것이다. 그와 같은 편견은 남뿐만 아니라 자기 자신에게도 매우 심각한 피해를 주게 된다는 것을 알아야 한다. 어떤 의미에서 보면 인간생활에서 가장 많은 피해를 주는 것이 바로 이 편견이 아닌가 한다. 그런데 불행하게도 모든 사람에게 고통과 어려움을 주는 이 치우친 생각을 갖지 않은 사람이 세상에는 단 한 사람도 없다고 할 만큼 편견은 보편적으로 퍼져 있다.

이 세상에서 편견을 버리고 통전적인 사고를 할 수 있는 사람이 된다는 것은 얼마나 중요한 일인지 모른다. 우리는 우리 아이들이 바로 이 통전적인 사고를 할 수 있는, 건강하고 훌륭한 인격을 갖춘 사람이 될 수 있도록 노력하고 기도해야 한다.

9. 순결성과 정직성

자녀를 바르게 양육하려고 할 때 빼놓을 수 없는 것이 '순결성과 정직성'이라고 생각한다. 나는 자녀를 위한 기도 중에서도 "하나님, 우리 아이가 깨끗하고 정직한 아이가 되게 해 주십시오"라는 기도가 빠지지 않아야 한다고 생각한다. 자녀를 위한 기도로 이 기도가 빠지고 자녀교육의 목표 중 이 목표가 빠진다면 다른 것이 다 이루어졌다고 해도 정말 아무것도 아닌 것이 되고 말 것이다. 그만큼 순결과 정직은 우리 삶에서 중요하다.

성공적인 삶에서 요긴한 것은 정견(正見)과 선견(先見)이다. 정견을 가지지 못했거나 정견을 가졌다고 해도 남이 다 본 후에야 그것을 보게 된다면 그는 자신의 삶에서 절대로 성공할 수 없다. 그런데 우리에게서 이 정견과 선견의 능력을 앗아가는 것이 있는데 그것이 바로 욕심이다. 욕심은 언제나 우리 눈을 어둡게 한다. 볼 것을 못 보게 하고 못 볼 것을 보게 한다. 그러므로 욕심에 사로잡혀 순결한 삶과 정직한 삶을 살지 못하는 사람은 정확한 판단력을 가질 수 없게 되어 언제나 패착(敗着)하거나 후수(後手)를 둔다. 결국 자신의 인생 경기에서 패배할 수밖에 없게 된다.

예수님은 "마음이 청결한 자는 복이 있나니 그들이 하나님을 볼 것임이요"(마 5:8)라고 말씀하셨다. 마음이 깨끗하고 정직한 사람은 하나님을 볼 것이라고 했다. 하나님을 본다는 것은 하나님의 마음을 읽으며 하나님의 수를 보게 될 것이라

는 말과 같은 뜻이다. 하나님의 마음을 읽고 하나님의 수를
볼 수 있는 사람은 절대로 인생에서 패배하는 법이 없다. 하
나님의 수로 바둑을 두는 사람이 어떻게 패배할 수 있겠는가?

순결과 정직이 가장 큰 자본금이다

하나님은 하나님의 자녀인 우리들에게 끊임없이 거룩과 순
결을 요구하신다.

"너는 이스라엘 자손의 온 회중에게 말하여 이르라 너희는 거
룩하라 이는 나 여호와 너희 하나님이 거룩함이니라"(레 19:2).

이것은 단순한 도덕적 요구가 아니다. 그 순결함과 거룩함
에 우리의 생명이 달려 있기 때문이다. 우리 삶의 성패가 달려
있기 때문이다. 많은 사람들은 수단과 방법을 가리지 않고 살
아야 성공할 수 있다고 생각한다. 모로 가도 서울만 가면 된
다고 생각하면서 살아가고 있다. 세상에서 혼자만 깨끗하고
정직하면 바보가 되고 결국은 손해를 보게 된다는 믿음을 가
지고 살아가고 있다.

그러나 그것이 바로 사탄에게 속는 것이다. 정직과 순결 때
문에 처음에는 손해를 보는 것 같으나 그렇지 않다. 정직과
순결은 결국 큰 자산이 되어 이 세상에서도 성공하고 승리하

는 가장 중요한 자본이 된다는 것을 우리는 알아야 한다. 이 세상에서 가장 중요한 것이 무엇이라고 생각하는가? 나는 신용이라고 생각한다. 신용이 그 무엇보다 중요한 자본이 된다. 정직하지 못하고 순결하지 못한 짓을 해서 푼돈 정도는 벌 수 있다. 그 정도의 성공은 할 수 있다. 그러나 나중에 그것과는 비교도 되지 않을 만큼 엄청난 대가를 치러야만 한다.

선진국이라고 다 정직한 것은 아니다. 그래도 선진국이 되려면 후진국보다 월등히 정직해야만 한다. 정직하지 못한 나라와 사회는 절대로 선진국이 될 수 없다. 선진국과 후진국의 명백한 차이는 정직함과 투명함이다. 눈앞에 보이는 약간의 이익을 위해 거짓을 일삼고 불의를 행한다면 그는 결국 신용을 잃어버리게 될 것이다.

일단 신용을 잃어버리면 그는 절대로 정상의 삶을 차지할 수 없다. 많은 사람들은 이 세상이 타락했기 때문에 사탄의 방식대로 가는 줄 알지만 그것은 사탄의 사기이다. 사실은 그렇지 않다. 이 세상은 사실 하나님의 방식과 법칙에 따라 움직이고 있다. 그것을 우리는 알아야 한다.

세상의 가장 큰 자본은 신용이다. 신용이 세상을 움직이고 있다. 믿음이 세상을 움직이고 있다. 이 믿음과 신용은 돈으로 살 수 없다. 지식으로 살 수 없다. 믿음과 신용은 오직 정직과 순결함으로만 살 수 있다. 우리는 아이들에게 정직함을 가르쳐야만 한다. 깨끗함을 가르쳐야만 한다. 거짓과 순결하지 못함의 대가가 얼마나 큰지 일러주어야만 한다. 많은 부모들이 아이들에게 정직과 원칙을 가르치지 않고 요령을 가르치고 있다. 그것은 자식에게 독을 주는 것과 같다. 얼마나 위험한 생각이고 발상인지 모른다. 자녀를 사랑한다면, 자녀가 정말 이 세상에서 성공하는 사람이 되기 원한다면 정직과 순결을 가르치는 부모가 되어야 한다. 그리고 그 모범을 아이들에게 보여줄 수 있어야만 한다.

10. 용기

인간이 인간답게 존재하기 위해 가장 필요한 덕목이 '용기'라고 말한 사람은 신학자 폴 틸리히(Paul Tillich)이다. 참으로 깊은 통찰력을 가진 말이라고 생각한다. 인간이 인간답게 존재하기 위해 가장 필요한 것 둘을 이야기하라면 나는 지혜와 용기라고 대답하겠다. 그리고 그것을 하나로 줄여서 말하라고 하면 그것을 믿음이라고 하겠다. 왜냐하면 그 지혜와 용기가 바로 믿음에서 나오는 것이기 때문이다.

선과 악 그리고 진정한 의미의 이익과 손해를 올바로 구별

할 줄 아는 지혜처럼 우리에게 중요한 것은 없다. 그러므로 우리는 언제나 바른 지혜와 분별력을 얻기 위해 노력하고 기도해야 한다. 그런 의미에서 솔로몬이 하나님에게 지혜를 구한 것은 참으로 지혜로운 일이었다. 지혜를 얻은 자는 모든 것을 얻은 것과 같다고 할 수 있다.

그러나 아무리 지혜가 중요하다고 해도 용기가 없다면 지혜도 소용이 없다. 모르는 것도 문제이지만 알아도 그것을 실천할 수 있는 용기가 없는데 그런 지혜가 우리에게 무슨 소용이 되겠는가. 그러므로 우리에게 지혜만큼이나 중요한 것이 바로 용기이다. '죽으면 죽으리이다' 하는 용기 없이 우리에게 주어지는 것은 없다. 가치있고 의미있는 것은 하나도 예외가 없다고 할 수 있다.

이 세상에서의 삶은 악과 불의와의 싸움이다. 그것이 이 세상의 정직한 구도이다. 그런데 우리가 알아야 할 것이 있다. 그것은 악이 비록 강해 보여도 두려워하지 않고 맞서 싸우면 반드시 의가 이긴다는 것이다. 우리가 의의 편에 서서 악과 싸우면 악은 반드시 패배하게 되어 있다. 싸움이 만만치 않아서 그렇지 우리가 용기를 가지고 싸우기만 한다면 우리는 언제나 승리할 수 있다.

용기도 연습에서 나온다

그럼에도 불구하고 많은 사람들이 악에게 패배하는 것은 악이 무섭고 두려워서 처음부터 싸우는 것을 회피하고 기권하기 때문이다. 악과의 싸움에서 패하는 것은 그 외에 다른 이유가 없다. 악과의 싸움에서 패배는 단 하나뿐인데 그것은 기권패이다. 우리가 이길 수 있는 싸움을 싸우지 않아 패배하는 이유는 우리 속에 있는 비겁함 때문이다. 이스라엘 백성들이 하나님을 믿는 믿음으로 '죽으면 죽으리이다'라는 용기와 배짱을 가지고 정면으로 돌파했다면 일주일이면 가나안 땅을 정복할 수 있었다. 그러나 그 믿음의 용기가 없어서 싸움을 회피했기 때문에 40년 동안이나 광야에서 방랑하게 된 것이고 결국 가나안에 들어가지 못하게 된 것이다.

우리를 비겁하게 만들고 나약하게 만드는 것에는 여러 가지가 있다. 그중 하나가 욕심이다. 욕심의 문제를 극복하지 못한 사람은 절대로 용기있는 사람이 될 수 없다. 그러나 욕심의 문제를 해결한 사람은 세상에 무서울 것이 없다. 그러므로 진정한 용기는 욕심 없는 깨끗한 마음에서 나온다고 할 수 있다. 그러므로 진정한 용기를 배우려면 버리는 연습부터 해야 한다. 욕심을 버리는 연습을 해야 한다. 가장 버리기 어려운 욕심이 물질에 대한 욕심이라고 생각한다. 그러므로 무엇보다 물질에 대한 욕심을 버리는 훈련을 해야 한다. 나는 그것이 정직한 십일조 생활을 연습하는 것이라고 생각한다.

물질에 대한 욕심 때문에 정직한 십일조 생활을 하지 못하는 사람에게서 삶의 진정한 용기를 찾아보기는 힘들다. 자신의 자녀가 진정으로 용기 있는 사람이 되기 원한다면 정직한 십일조 생활부터 훈련시켜야 할 것이다. 그것부터 시작해서 모든 것을 버리고 주(主)를 좇는 훈련을 받도록 하는 일이다.

✎ 자(子) 은(恩) 부(父) 수첩

- 친밀함을 심어주라. 친밀함을 아는 아이는 세상과 사람을 긍정적, 적극적으로 본다.
- 아이들을 붕어빵으로 만들지 말라.
- 편견이 사람 잡는다. 줏대 있되 두루 볼 줄 아는 아이로 양육하라.
- 아무리 능력이 있어도 깨끗하지 않으면 사회가 버린다.
- 믿음을 다른 말로 하면 '생(生)에의 용기'이다. 선한 싸움을 싸울 줄 아는 자식들로 키워라.

📅 부모 역할 체크포인트

- 이름 모를 들꽃 한 송이를 보고 울 줄 아는 인간으로 자녀를 키우고 있는가?
- '열린교육'이라는 미명의 새로운 빵틀로 아이를 찍어내려고 하지는 않는가?
- 나는 '토론하되 논쟁하지 않을 줄 아는 아이'로 키우고 있는가?
- 아이들의 거울인 나는 얼마만큼 깨끗하고 순결하게 사는가?
- 자녀들을 위해서라도 앞장서서 싸워야 할 내 삶의 전투는 무엇인가?

오늘부터 이것만이라도

- 학과 공부에 지친 아이들, 따뜻한 말로 격려하기
- 조금 위험해 보여도 창의성 짓밟지 않기
- 진정한 용기가 무엇인지 생활 가운데서 보여줄 작은 에피소드 찾기

성도가 성자(성공하는 자녀)를 만든다

신앙은 교육을 여는 마스터 키

우리는 이제껏 우리 자녀들을 바르게 교육하고 양육하기 위해 부모는 어떤 자세를 가져야만 하는지 또 구체적으로 자녀들을 어떤 목적과 목표로 교육할 것인가에 대해 살펴보았다. 모르는 것보다는 아는 것이 중요하지만 안다고 모든 일이 다 해결되는 것은 아니다. 아는 것을 실천할 수 있는 힘이 있어야만 한다. 그렇지 않으면 안다고 해도 그것을 실천할 수 없다. 그것은 부모뿐만 아니라 자녀도 마찬가지이다.

앞서 자녀교육에 대한 구체적인 목표 10가지에 대해 살펴보았다. 그렇더라도 그 목표를 모두 달성하기 위해 어떻게 해야 하는지 알지 못한다면 우리는 우리가 설정한 그 아름다운 목표를 달성할 수 없을 것이다. 우리는 어디서 그런 힘을 얻을 수 있나? 과연 우리에게 그 모든 것을 가능하게 하는 힘을 주는 것은 무엇일까? 나는 그것이 믿음이라고 생각한다. 하나님을 믿는 믿음은 우리에게 지혜와 용기와 힘을 가져다준다고 나는 믿는다.

나는 우리 아이들에게 중요하다고 생각하여 다루었던 모든 것이 다 믿음을 통해 이루어진다고 믿고 있다. 하나님을 믿는 믿음이 우리와 우리 자녀들에게 기본적 신뢰를 가져다준다고 믿는다. 하나님과 하나님의 사랑을 믿는 사람이라면 기본적인 신뢰감만큼은 자동적으로 형성되었다고 믿는다.

나는 하나님에 대한 믿음이 우리와 우리 자녀에게 자율성을 길러준다고 믿는다. 하나님은 언제나 우리를 자유케 하시는 분이시다. 자유케 하시는 하나님으로부터 자유한 사람은 절대로 자유하는 삶을 살 수 없다. 하나님을 믿는 사람이 받는 놀라운 축복은 자유이다. 그러므로 나는 하나님을 믿는 믿음이 우리와 우리 자녀들에게 그 소중한 자유를 가져다준다고 확신한다.

나는 하나님을 믿는 믿음이 우리와 우리 자녀들에게 주도성과 탁월성(Initiative and Excellence)을 가져다준다고 믿는다. 하나님을 믿는 사람에게는 두려울 것이 없다. 그러므로 뒤로 숨을 것도 없고 남의 눈치를 볼 것도 없다. 자신감을 가지고 언제나 앞서 나갈 수 있게 된다. 하나님은 당신의 자녀에게 각양 은사와 능력을 주시는 분이시다. 하나님 안에서 바르게 믿음생활을 할 때 담대히 앞장서서 세상을 이끌어나가는 주(主)의 종이 될 수 있다고 나는 믿는다.

나는 하나님을 믿는 믿음이 우리와 우리 자녀들에게 근면성과 성실성(Industry and Sincerity)을 가져다준다고 믿는다. 하나님을 믿는 믿음 가운데서 살아가면 삶이 언제나 즐겁다. 하나님 안에는 세상이 주지 못하는 기쁨과 보람이 있다. 그 기쁨과 보람을 맛보는 사람은 절대로 게으를 수 없다. 불성실할 수 없다. 하나님의 선하심을 맛보아 아는 사람들 중 게으른 사람을 본 적이 있는가? 불성실한 사람을 본 적이 있는가? 나는 하나님을 믿는 믿음이 우리와 우리 자녀들을 근본적으로 근면하고 성실한 사람으로 만들어간다고 확신한다.

나는 하나님을 믿는 믿음이 우리와 우리 자녀들에게 정체성과 소명감(Identity and Vocation)을 가져다준다고 믿는다. 우리는 모두 하나님께 지음받은 존재들이다. 그런데 우리가 우리를 존재케 하신 하나님을 떠나서 어떻게 자기 정체성을 찾을 수 있으며 자기 소명을 찾을 수 있겠는가? 하나님을 알지 못하는 사람이 절대로 알 수 없는 것이 있다. 그것은 자기가 누구인지 알 수 없다는 것이다. 그래서 저들은 언제나 인생을 나그네라고 노래한다. 어디서 왔다가 어디로 가는지 모르는 방랑자라고 한다. 그런 사람이 어떻게 자기 정체성과 소명을 찾을 수 있겠는가?

하나님을 믿는 믿음은 우리에게 자기 정체성과 소명감을 갖게 한다. 그리고 인생을 목표 없이 떠도는 방랑자가 아니라 푯대를 향해 달려가는 경주자가 되게 한다. 나는 하나님을 믿는 믿음이 우리와 우리의 자녀들에게 정체성과 소명감을 가져다준다고 확신한다.

나의 교육헌장

나는 하나님을 믿는 믿음이 우리와 우리 자녀들에게 따뜻한 마음(Intimacy)을 심어줄 것이라고 확신한다. 사랑은 받은 사람만이 줄 수 있다. 상처를 받은 사람은 대개 사람들에게 상처를 주고 사랑을 받은 사람은 대개 사랑을 베푼다. 사람의 사랑을 받고 살아도 좋은 사람이 되고 따뜻한 사람이 되는데 하물며 하나님의 사랑을 받고 사는 사람이 사나운 사람이 된다거나 쌀쌀 맞은 사람이 되는 일은 있을 수 없다. 하나님을 믿는다고 하면서도 그런 사람이 있다면 그는 진정으로 하나님을 믿는 사람이라고 할 수 없다. 단정코 없다.

나는 하나님을 믿는 믿음이 우리와 우리의 자녀들에게 창조적인 지혜(Generativity)를 가져다줄 것이라고 확신한다. 하나님은 천지를 창조하신 전능하신 하나님이시다. 모든 창조의 근본이 하나님이시다. 하나님을 사랑하고 하나님을 믿는 사람에게는 무엇보다 창조의 지혜가 충만해질 것이라고 믿는다.

나는 설교하는 목회자이다. 설교에도 창조적인 지혜가 필요하다. 아무리 좋은 설교라고 해도 남의 것을 베끼거나 모방할 때 힘이 없는 것을 느낀다. 나는 설교의 창조적인 지혜를 하나님으로부터 얻는다. 나의 삶이 하나님과 밀접할 때 나는 언제나 창조적인 지혜를 얻는다. 하나님께 멀어질 때 그것을 얻을 수 없어 애가 타곤 한다. 다른 것도 물론이지만 창조적인 지혜는 정말 하나님께서 주신다고 확신한다.

나는 하나님을 믿는 믿음이 우리와 우리 자녀들에게 좌로나 우로 치우치지 않는 통전적인 지혜를 준다고 확신한다. 하나님

외에 온전한 진리는 이 땅에 있을 수 없다. 하나님께 받는 지혜만이 통전적인 지혜가 될 수 있다. 하나님께 깊이 들어가면 들어갈수록 우리에게 통전적인 지혜가 주어진다고 나는 믿는다. 하나님을 설 믿으면 그런 지혜를 얻을 수 없지만 정말 하나님을 믿는 온전한 믿음이 우리 안에 들어가면 하나님은 우리에게 좌로나 우로 치우치지 않는 통전적인 지혜를 주실 것이라고 믿는다.

예수 잘 믿어라

나는 하나님을 믿는 믿음이 우리와 우리 자녀들에게 순결성과 정직성(Purity and Honesty)을 가져다준다고 믿는다. 하나님은 빛이시기에 그 앞으로 가까이 나아가는 자는 그 삶이 밝아질 것이요 그분으로부터 점점 멀어지는 자는 자동적으로 어두워지게 될 것이다. 하나님을 가까이하면서 거짓되고 불결한 삶을 살 수는 없지 않은가? 요셉이 보디발 장군의 아내의 유혹을 물리칠 수 있었던 것이 바로 그 믿음 때문이 아니었는가? 나는 하나님을 믿는 믿음이 우리와 우리 자녀들에게 순결과 정직을 가져다준다고 믿어 의심치 않는다.

나는 하나님을 믿는 믿음이 우리와 우리 자녀들에게 용기(Courage)를 가져다준다고 믿는다. 어린 다윗이 골리앗을 물리칠 수 있는 용기를 가질 수 있었던 것은 믿음 때문이었다. 어린아이들은 아버지와 함께 있을 때 그 누구도 무서워하지 않는다. 자기는 비록 어리고 약하지만 자기 아버지는 강하다고 확신하기 때문이다. 하나님을 믿는 사람은 어떠한 환경과 처지에 처한다고 해도 두려워하지 않는다. 비겁해지지 않는다. 천지를 지으신 전능하신 하나님이 나와 함께 하신다는 믿음이 그를 담대하게 만든다. 나는 하나님을 믿는 믿음이 우리에게 진정한 삶의 용기를 가져다준다고 확신한다.

나는 믿음을 마스터 키(master key)라고 생각한다. 모든 지혜와 용기 그리고 힘이 거기서 나온다고 믿는다. 그러므로 자녀교육의 모든 것이 결국은 예수를 잘 믿는 것에 달려 있다고 생각한다. 우리가 예수를 너무나 엉터리로 믿기 때문에 그 믿음이 주는 축복을 받지 못해서 그렇지 우리가 예수를 제대로 믿기만 하면 그 믿음이 주는 축복을 다 받아 누리게 될 것이다. 믿음이 주는 축복 중에 하나가 바로 성공적인 자녀교육이다.

부모부터 예수 잘 믿는 사람이 되기 바란다. 그래서 자녀를 훌륭하게 교육하는 성공적인 부모들이 다 되기 바란다. 자녀들이 다른 무엇보다 예수 잘 믿는 사람이 되도록 힘을 다하기 바란다. 자녀들이 정말 예수 잘 믿는 사람이 된다면 그동안 우리가 공부했던 모든 것이 우리의 기도와 소원 가운데 그대로 이루어지는 일을 목도하게 될 것이다.

PART 4

부모를 위한
프리칭

Chapter 8

자식에게 예의를 지키는 부모

또 아비들아 너희 자녀를 노엽게 하지 말고 오직 주의 교훈과 훈계로 양육하라 엡 6:4

자녀 문제만 한 게 또 있으랴

살아가는 동안 우리에게는 참으로 중요하고 소중한 것들이 많이 있습니다. 그러나 그중에서도 가장 소중한 일이 있다면 그것은 자녀를 바르게 양육하는 일일 것입니다. 하나님을 믿는 믿음을 제외한다면 세상에 그보다 더 중요한 일은 없을 것입니다. 사업이 어려움을 당하고 직장에 문제가 생겨도 참으로 어렵고 힘이 듭니다. 인간관계에 문제가 생겨도 참 괴롭습니다. 그러나 아무리 힘들고 어렵다고 해도 자녀에게 문제가 생기는 것과는 비교가 되지 않습니다. 그만큼 자녀의 문제는 중요합니다.

　그런데 중요한 것은 그렇게 중요한 자녀를 문제없이 키우는 일이 좀처럼 쉽지 않아서 많은 가정에서 이로 인한 갈등과 고민이 생겨나고 있다는 사실입니다. 많은 가정이 부모와 자녀 사이의 갈등으로 신음하고 있습니다. 요즘 같은 시대에 우리의 자녀를 바르게 양육하기란 매우 어렵습니다. 세상의 문화적 환경이 우리 자녀들을 호시탐탐 노리고 있기 때문입니다. 자녀를 바르게 양육하는 데 걸림돌이 되고 있습니다. 그러나 문제가 비단 세상에만 있는 것은 아닙니다. 더 크고 더 직접적인 원인은 부모에게 있습니다.

　부모가 자녀들을 사랑하는 것은 사실이지만 무조건 사랑한다는 것만 가지고는 자녀를 문제없이 길러낼 수 없습니다. 부모는 자녀를 자기 생명보다 더 귀하게 여기고 사랑합니다. 하지만 정작 자녀를 바르게 양육하는 문제는 꽤나 어렵습니다. 이런저런 문제로 자녀가 잘못되는 경우가 부지기수입니다. 물론 사랑은 자녀를 바르게 양육하는 데 가장 중요한 요소입니다. 그러나 사랑만 가지고 모든 문제가 해결되는 것은 아닙니다. 자녀를 바르게 양육하는 데 문제가 되는 부분을 찾아내 그것을 개선하지 않으면 사랑 때문에 문제가 더 심각해질 수도 있습니다.

　우리 부모들의 문제는 '무지함'과 '무례함' 그리고 '본이 되지 못함'입니다. 많은 부모들이 자녀에 대해 모릅니다. 무지합니다. 그것은 부모들이 자녀교육 문제를 놓고 공부하지 않기 때문입니다. 자녀의 마음, 자녀의 생각 그리고 심리에 대해 잘 모릅니다. 저들을 어떻게 다루어야 하는지도 잘 모릅니다.

　별것 아닌 자동차도 운전을 하려면 공부하고 훈련받아야 합니다. 그 공부와 훈련으로 자동차에 대해 알고 자동차를 운전하는 방식을 배운 다음 운전합니다. 그래도 실수하는 경우가 있습니다. 자기 자신을 과신하여 그런 공부와 훈련도 받지 않고 자동차를 운전하려고 한다면 매우 위험한 일이 벌어집니다. 가끔 운전면허도 없는 중고등학생들이 부모님의 자동차를 몰래 운전하다가 큰 사고를 내는 경우를 보곤 하는데 그것은 바로 훈련도 받지 않고 공부도 하지 않고 그저 자기 자신을 과신하다가 생기는 일입니다.

　그런데 바로 그런 식의 사고를 우리 부모들이 내고 있습니다. 자녀를 바르게 양육하기 위해서도 많은 공부와 훈련을 해야 합니다. 그런데 대부분의 부모들이 그런 공부와 훈련을 하지 않습니다. 비유하자면 많은 부모들이 자녀교육의 무면허자들입니다. 그래서 사고가 많이 나는 것입니다.

자녀를 잘 양육하려면 공부해야 합니다. 훈련받아야 합니다. 책도 읽고 세미나에도 참석하고 좋은 강의도 들어야 합니다. 그래서 자녀들을 이해하고 저들을 바르게 운전하는 방식을 배워야만 합니다. 대부분의 경우 부모들은 자녀들의 문제가 무엇인지 저들에게 무엇을 가르쳐야 하는지 알고 있습니다. 그러나 많은 부모들이 저들에게 그것을 어떻게 가르쳐야 하는지 모르고 있습니다. 교육에서 '무엇을 가르치느냐'도 중요하지만 그보다 더 중요한 것은 '어떻게 가르치느냐'입니다. 많은 부모들이 바로 이 '어떻게?'에 대해 무지합니다.

무식이 애 잡네

자녀교육에서 무지보다 더 나쁘고 더 무서운 것이 있습니다. 그것은 자녀들에 대한 부모의 무례함입니다. 많은 부모들이 자녀들에게 무례합니다. 자녀들의 대한 부모의 무례함이라는 표현 자체가 이상하게 들리고 불편하게 들리는 부모들이 혹 있을는지 모릅니다.

그러나 많은 자녀들이 바로 부모들의 무례함 때문에 상처입고 고통받습니다. 그 상처와 고통 때문에 자녀들이 잘못되고 있다는 사실을 알아야만 합니다.

비단 부모와 자식의 경우뿐만이 아닙니다. 부부간에도 마
찬가지입니다. 많은 사람들이 사랑할 때 무례해지기 쉽습니
다. 그러나 그것은 매우 위험한 일입니다. 사랑할수록 예의를
지켜야만 합니다. 그렇지 않으면 그 무례함 때문에 사랑이 깨
지게 될 것입니다.

부부간에 문제가 생기는 이유 중에 하나가 바로 이 무례함
입니다. 사랑하는 사람의 무례함 때문에 깊은 상처를 입고 살
아가는 사람들이 얼마나 많은지 모릅니다.

그런데 나는 가장 큰 무례함은 자녀에 대한 부모들의 무례
함이라고 생각합니다. 사랑하기 때문에, 그들이 어리기 때문
에 함부로 해도 된다고 잘못 생각하기 쉽습니다. 그러나 그렇
지 않습니다. 자녀들이 비록 어리기는 해도 저들도 하나의 소
중한 인격체입니다.

물론 아직 미숙한 인격이기 때문에 저들을 가르쳐야만 합
니다. 때로는 꾸짖기도 하고 필요하다면 매도 들어야 할 것입
니다. 서양에서는 아이들에게 매를 드는 것을 미개한 것으로
보지만 잠언 13장 24절에 보면 "매를 아끼는 자는 그의 자식
을 미워함이라 자식을 사랑하는 자는 근실히 징계하느니라"
는 말씀이 있습니다. 필요하다면 자녀들에게 매도 들어야 합
니다.

그러나 꾸짖고 교훈하고 심지어 매를 들 때에도 저들의 인격을 존중해주어야 합니다. 예의를 갖추어야만 합니다. 아이들의 인격을 함부로 무시하고 저들에게 무례하게 대함으로 저들에게 인격적인 폭력을 가해서는 안 됩니다. 에베소서 6장 4절에도 "자녀를 노엽게 하지 말라"고 했습니다. 자녀들이 언제 부모에 대해 노여움을 품게 되는지 아십니까? 부모에게 꾸중을 들을 때 아니면 매를 맞을 때인 줄 아십니까?

아닙니다. 저들도 부모들에게 꾸중을 듣고 심지어 매를 맞는 것이 당연한 일이라고 알고 있습니다. 저들이 상처를 받고 그 때문에 문제가 생기는 가장 큰 이유는 부모들이 자녀들의 인격을 무시하고 무례하게 대하기 때문입니다.

부모들이 자녀들을 인격적으로 대우하고 저들에게 나름대로 예의를 갖추어준다면 저들은 부모의 꾸짖음과 매를 달게 받고 인정하며 받아들일 것입니다. 그 꾸짖음과 매는 아주 좋은 효과를 가져와 아이들을 바르게 자라나게 하는 데 큰 도움을 줄 것입니다.

많은 부모들이 아이들이 말을 듣지 않는다고 생각합니다. 반항한다고 생각합니다. 저들이 부모의 말을 잘 들으려고 하지 않고 반항하려고 하는 것은 꾸짖음과 매 때문이 아닙니다.

부모들이 자신들의 인격을 무시하고 함부로 말하고 함부로 행동하는 무례함 때문입니다.

부모도 자식에게 최소한의 예의를 갖출 줄 알아야 합니다. 예의는 아이들이 어른에게만 갖추는 것인 줄 아는 분들이 많습니다. 그러나 그렇지 않습니다. 예의는 모두에게 필요한 것입니다. 어른들이 먼저 아이들에 대해 예의를 갖출 줄 알면 우리 아이들은 거기서 예의를 배우게 될 것이고 어른들에 대해서도 예의를 갖추게 될 것입니다.

인정은 빨리 용서는 솔직히

자녀들을 바르게 양육하는 데 큰 문제가 되는 것은 부모가 자녀의 본이 되지 못하는 것과 정직하지 못함 때문입니다. 참된 교육은 말에 있지 않고 삶에 있습니다. 보통의 경우 삶이 뒤따르지 않은 말에는 힘이 없습니다. 그러나 부모의 경우는 다릅니다. 부모는 삶이 따르지 않는 말로 힘을 휘두르고 있습니다. 그것은 자녀를 그르치고 더 나아가 삐뚤어지게 하는 힘입니다.

사랑하지 않는 사람의 '삶이 따르지 않는 말'에는 힘이 없습니다. "그 사람은 말만 해" 하고 돌아서면 그만입니다. 그러나 부모는 '그 사람'이 아닙니다. 다시 말해서 남이 아닙니다. 사랑하는 사람입니다. 남들에게 특히 친구들에게 자랑하고 싶은 사람입니다. 그런데 그런 부모의 말과 삶이 일치하지 않는다면 그것은 자녀들에게 큰 쇼크가 아닐 수 없습니다.

물론 부모라고 늘 '말과 삶'이 일치할 수는 없습니다. 잘못할 수도 있고 실수할 수도 있습니다. 그래도 상관없습니다. 아이들도 온전한 사람은 없다는 것을 알고 있습니다. 그럴 경우 정직하면 됩니다. 자신의 한계와 실수를 솔직히 인정하면 됩니다. 그러면 자녀들은 그런 부모를 오히려 존경하고 자랑스럽게 생각하게 됩니다.

그런데 보통의 경우 쓸데없는 권위의식 때문에 자녀들 앞에서 그것을 인정하지 않고 은폐하려고 합니다. 그러나 아이들도 모든 것을 잘 알고 있습니다. 그럴 때 아이들의 눈에 부모는 위선자로 보이게 됩니다.

이것은 아주 치명적인 일입니다. 사랑하는 부모가 그리고 자랑스러워야 할 부모가 자신의 눈에 위선자로 보이게 될 때 아이들이 받는 충격은 엄청난 것입니다. 그것으로 부모가 할 수 있는 자녀교육은 끝입니다. 더 이상 교육이 불가능한 상태가 되는 것입니다.

시편 127편 3절에 보면 "보라 자식들은 여호와의 기업이요 태의 열매는 그의 상급이로다"라는 말씀이 있습니다. 맞습니다. 자녀는 하나님이 우리에게 주신 기업이요 상급입니다. 세상의 다른 일들이 아무리 잘되고 성공한다 해도 자녀가 잘못되면 아무것도 아닙니다. 반대로 극단적으로 세상 모든 일에서 다 실패하고 어려워진다고 해도 자녀들이 성공하고 잘된다면 그 실패나 어려움도 아무것도 아닌 게 됩니다.

세상에 자녀를 바르게 양육하는 것보다 중요한 일은 없습니다. 또한 자녀를 바르게 양육하는 일에 부모보다 중요한 사람은 없습니다. 아이들에게 최고의 스승과 교사는 바로 부모입니다. 오늘 많은 부모들이 자녀들의 스승과 교사 되는 일에 실패하고 있습니다. 열심히 돈벌어서 저들을 잘 먹이고 잘 입히면 그것으로 좋은 부모가 되는 줄로 착각하는 사람들이 많습니다. 학비를 주고 공부시키면 훌륭한 자녀들이 되는 것으로 오해하는 사람들이 많습니다.

그렇지 않습니다. 자녀에 대한 부모의 책임은 저들에게 세상과 인생 그리고 신앙을 가르치는 참된 교사와 스승이 되는 일입니다. 부모를 인생의 스승으로 만난 자녀들은 복이 있습니다. 부모에게 인생의 중요한 것을 배울 수 있는 자녀들은 복이 있습니다. 물론 부모라고 해서 자녀들에게 필요한 모든 것을 다 가르쳐줄 수는 없습니다.

제 실력으로 아이들에게 영어와 수학, 그 밖의 세상적인 지식을 가르치라면 그럴 수 없습니다. 그래서 아이들을 학교에 보내고 선생님께 맡기는 것입니다. 그러나 더 중요한 삶과 신앙은 제가 가르칠 수 있습니다. 그런 것들은 제가 가르쳐야 한다고 생각합니다. 저는 제 아이들의 목사가 되고 싶습니다. 선생이 되고 싶습니다. 아이들에게 인정받고 존경받는 부모가 되고 싶습니다. 그렇게 될 때 진정으로 좋은 목사도 될 수 있을 것입니다. 만일 우리가 자녀들에게 인정받고 존경받는 목사와 함께 교회생활을 할 수 있다면 그것이 복이 될 것입니다.

Chapter 9

자식의 효도를 돕는 부모

자녀들아 주 안에서 너희 부모에게 순종하라 이것이 옳으니라 네
아버지와 어머니를 공경하라 이것은 약속이 있는 첫 계명이니 이
로써 네가 잘되고 땅에서 장수하리라 또 아비들아 너희 자녀를
노엽게 하지 말고 오직 주의 교훈과 훈계로 양육하라 엡 6:1-4

어버이주일의 설교, 내겐 어렵다

오늘은 제가 동안교회에 부임해서 아홉 번째 맞는 어버이주일
입니다. 그러나 오늘이 제가 동안교회에서 부모에 대한 공경
과 효에 대해 처음으로 설교하는 날이라는 사실을 아마 아시
는 분들은 아시리라고 생각합니다.

　원로목사님이 계실 때 어버이주일 설교는 으레 원로목사님

께 부탁을 드렸습니다. 혹시 꼭 제가 설교를 해야만 하는 날이라면 폭넓게 가정에 대해 설교를 했습니다. 생각해보니 정말 한 번도 부모 공경과 효에 대해서 설교하지 못한 것 같습니다.

설교는 단순한 성경강해가 아닙니다. 설교는 성경강해를 기본으로 하지만 성경강해 자체만으로 설교가 되는 것은 아닙니다. 설교는 설교자의 삶이 말씀과 함께 어우러져서 이루어지는 것입니다. 그래서 저는 설교를 '예수 믿고 사는 이야기'라고 나름대로 정의(定義)하고 있습니다. 그러므로 말씀대로 살지 않으면서 말씀을 설교한다는 것은 얼마나 어려운 일인지 모릅니다. 제가 어버이주일에 부모 공경과 효도에 대해 설교를 하지 못한 이유가 바로 거기에 있는 것입니다.

부모님을 모시지 않고 사시는 분들 중에도 효자가 있기는 하지만 제가 보기에 그것은 대개 스스로 착각하는 것이라는 생각이 듭니다. 저들이 부모님을 직접 모시고 살아도 그 부모님께 효자였을까 생각하면 대부분은 아닐 거라고 여겨집니다. 부모님을 모시지 않고 효도하는 것은 쉬운 일일 수 있습니다. 그러나 부모님을 모시고 살면서 효도한다는 것은 생각처럼 쉬운 일이 아닙니다.

저는 형제가 없기 때문에 저보고 어머니를 그렇게밖에 못 모시느냐며 싸우자고 드는 사람이 없습니다. 그런데 가끔 보면 부모를 모시지 않는 형제가 부모를 모시는 형제에게 부모 잘 못 모신다고 따지고 싸우는 경우를 보게 됩니다. 언뜻 보기에는 부모 잘 못 모신다고 따지는 형제가 효자인 것 같지만 꼭 그렇지는 않습니다. 욕을 먹는 부모 모신 형제가 훨씬 더 효자인 경우가 많습니다.

부모를 모시지 않고 사시는 분들은 부모에 대한 가책이 많지 않습니다. 그러나 부모를 직접 모시고 사는 분들은 오히려 부모에 대해 가책을 느낍니다. 저도 그런 사람 중에 한 사람입니다. 바로 그 가책 때문에 어버이주일의 설교가 그토록 어려웠는지도 모릅니다. 그래도 오늘은 부모에 대한 설교를 해야겠다고 생각해서 주보에 미리 본문과 제목도 내놓았습니다. 하지만 아무리 애를 쓰고 고민을 해도 그 설교는 아직 제게 불가능합니다. 제 삶이 뒷받침되지 않는 설교를 할 수는 없습니다.

저는 어머니를 모시고 있는 아들이자 세 아들을 키우고 있는 아비입니다. 그러므로 저에게는 두 입장이 있습니다. 하나는 자식의 입장이고 다른 하나는 부모의 입장입니다. 이제까지는 부모의 입장보다 자식의 입장에 서는 때가 많은 나이였습니다. 그러나 지금은 자식의 입장보다 부모의 입장에 설 때가 더 많은 나이가 되었습니다. 부모 입장에서 자식에게 효도를 가르치고 요구할 나이가 되었지만 저는 아직도 효도에 대해 이렇다 하고 설교를 할 수가 없습니다. 아마도 저희 어머니가 하나님께로 가시고 제가 온전히 부모의 입장에만 서게 되는 날이 되어도 그것은 마찬가지일 거라고 생각합니다.

효(孝)에 대한 저의 생각은 분명합니다. 효는 분명한 하나님의 가르침입니다. 땅에서 잘되고 형통하리라는 복을 상으로 걸고 가르쳐주신 하나님의 계명입니다. 그러므로 저는 부모에게 효도하면 복을 받는다는 것을 믿습니다. 또 복을 떠나서 그것이 옳은 일이며 사람으로 마땅히 해야 할 일이라는 사실을 알고 있습니다.

효자(孝子) 뒤의 효부(孝父)

그런데 효는 자식이 일방적으로 부모에게 할 수 있는 일이 아니라는 것을 알아야 합니다. 효는 반드시 부모의 도움이 있어야만 합니다. 어떤 의미에서 효자는 부모가 만드는 것이라고 할 수 있습니다. 잘못 이야기하면 모든 불효자는 다 부모

탓이라고 들릴 수도 있겠습니다. 물론 그렇지 않습니다. 불효는 다 자기 탓입니다. 그러나 진정으로 부모에게 효도하는 사람들을 보십시오. 부모가 자식이 마음 놓고 효도할 수 있도록 돕고 있다는 것을 알 수 있습니다.

그러므로 대부분의 효자는 그 효의 공을 상당 부분 부모님에게 돌려야만 할 것입니다. 부모의 도움 없이 일방적으로 효자가 된 사람은 백에 하나 천에 하나 있을까 말까 하기 때문입니다. 자녀의 효도는 부모가 도와주어야 합니다. 효자는 부모가 만든다는 사실을 명심하기 바랍니다. 효는 부모와 자식이 함께 만들어가는 것이지 부모가 일방적으로 자식에게 명하고 요구한다고 되는 것이 아닙니다.

역사적으로나 사회적으로 볼 때 효자는 서양보다 동양에서 많이 나왔습니다. 동양은 효가 사상의 중심이었습니다. 그러나 서양은 그렇지 않습니다. 제가 책을 많이 읽지 않아서 그럴까요? 저는 효를 강조하는 서양 책을 별로 읽어본 기억이 없습니다. 틀림없는 것은 서양보다는 동양에 효자가 많다는 것입니다. 그것은 누구도 부인할 수 없을 것입니다.

왜 서양보다 동양에 효자가 더 많은지 아십니까? 그것은 아이를 키우는 방법과 무관하지 않습니다. 어찌 보면 서양 사람들의 육아법은 참 냉정합니다. 아기 때부터 아기 침대를 따로 쓰고 부모와 떨어져서 자게 합니다. 우유도 꼭 시간이 되어야만 줍니다. 그들은 엄격한 원칙을 가지고 아이를 양육합니다. 거기에 나름대로 장점이 있는 것도 사실입니다. 그러나 아이의 입장에서 보면 냉정한 것입니다. 서양의 아이들이 제일 먼저 몸으로 느끼고 배우는 것은 엄격함에서 오는 냉정함입니다. 그렇게 자란 아이들이 후에 부모와 함께 부모를 모시고 살며 부모에게 효도한다는 것은 아마 정서적으로 불가능하지 않을까 합니다.

반면에 동양 사람들은 그렇지 않습니다. 거의 젖을 뗄 때까지 아이를 끼고 삽니다. 아이의 입장에서 보면 언제나 곁에 부모가 있는 것입니다. 젖도 아무 때나 울면 줍니다. 아이의 버릇이 나빠질 수 있다고 생각할 수도 있지만 그것으로 아이는 엄마의 정을 느낍니다. 동양의 아이들이 제일 먼저 몸으로 느끼고 배우는 것은 부모의 정과 사랑, 거기서부터 오는 따뜻함입니다.

'진자리 마른자리' 너무 써먹지 마세요

한국 사람들은 어버이날이 되면 누구나 '어머님 은혜'라는 노래를 부르며 눈물을 흘립니다. 노래 가사 가운데 가장 우리 마음에 와 닿는 가사는 "진자리 마른자리 갈아 뉘시며 손발이다 닳도록 고생하시네"라는 부분입니다. 부모의 희생과 거기서 느끼는 사랑과 정이 있습니다. 그래서 문화적으로 부모에게 효도하기가 더 쉬운 것입니다. 여기서도 우리는 앞에서 이야기한, 효자는 부모가 만든다는 것을 알 수 있습니다.

그런데 한 가지 더 생각하고 넘어가야 할 것이 있습니다. 바로 이 동양적인 육아법의 장점 속에 단점이 들어 있다는 사실입니다. 지나친 부모의 정이 오히려 자녀들에게 부담과 스트레스를 주고 있다는 것입니다. 깊은 상처를 함부로 주고 있다는 것입니다. 한국의 부모들이 자식에게 가장 많이 하는 말 중에 하나가 무엇인지 아십니까? 그것은 "내가 너를 어떻게 길렀는데…"라는 말입니다. 이것이 가장 큰 문제입니다. 자녀들은 부모가 이 말만 하면 할 말이 없습니다. 우리 자녀들 치고 이 말을 모르는 자녀가 없습니다. 다시 말해서 우리 한국의 자녀들 치고 자기 부모가 진자리 마른자리 갈아 뉘시고 손발이 다 닳도록 고생하셨다는 것을 모르는 사람은 없다는 말입니다. 그래서 부모가 "내가 너를 어떻게 길렀는데…"라고 하면 더 이상 할 말이 없어지는 것입니다.

그 말만 하면 어떠한 상황 속에서도 자식이 부모에게 항복해야만 합니다. 그런데 여기에 맛들인 부모들이 이 말을 너무 남발하여 조금만 불리한 상황이 되면 시도 때로 없이 이 말을 해댄다는 데 문제가 있습니다. 오죽하면 한국의 모든 자녀들이 가장 듣기 싫어하는 말 중에 하나가 바로 "내가 너를 어떻게 길렀는데…"라고 할까요? 자녀들이 그 말을 생각하면 제일 먼저 떠오르는 것이 억울함입니다.

많은 부모들은 진자리 마른자리 갈아 뉘어준 희생의 대가를 자신도 모르는 사이에 자식들에게 너무 많이 요구했습니다. 자신도 모르는 사이에 너무나 많은 상처와 억울함을 자식들에게 주었습니다. 서양 아이들처럼 열여덟 살만 되면 홀쩍 부모를 떠나면 될 터인데 우리는 문화적으로 사회적으로 그리고 정서적으로 그게 되지 않습니다. 그러니 도망도 못하고 고스란히 그 갈등과 상처를 주고받게 되는 것입니다. 그래서 오히려 서양 사람들보다 더 부모 자식의 관계가 나빠지게 되는 예가 있습니다. 서양에는 효자도 많지 않지만 특별히 불효자도 많지 않습니다. 반면에 동양에는 효자도 많지만 부모와 원수 된 사람도 많습니다.

부모에게 상처받은 자식이 더 많습니다

오늘날 많은 젊은이들이 자기 부모를 공경하기는커녕 자기 부모를 미워하고 있다는 사실을 알고 계십니까? 최근의 어느 앙케트 조사에 의하면 젊은이 100명 중 약 70명이 자신의 부모를 미워한다는 보고가 있었습니다. 서로 가장 사랑해야 할 관계가 오히려 가장 상처가 많은 관계로 둔갑하고 있다는 것입니다. 너무나 많은 사람들에게 '부모'라는 두 글자는 눈물 젖은 이름입니다.

"부모를 공경하라"는 하나님의 명령은 십계명 가운데 가장 터놓고 어기는 계명이 되었습니다. 공경은 나중이고 시급한 것은 마음으로 미워하는 자신의 부모와 화해하는 일입니다. 부모 공경에서 가장 중요한 것은 마음을 드리는 것입니다. 마음 없이 행하는 모든 선한 일은 위선이 되기 쉽습니다. 그래서 우리는 먼저 부모님께 마음을 드리는 자녀들이 되어야 합니다. 그러나 문제는 그렇게 간단하지 않습니다. 그러기에는 상처받은 자녀들이 너무나 많기 때문입니다.

자식에게 상처받은 부모보다 부모에게 상처받은 자식이 많다는 사실을 아십니까? 설마 하시겠지만 사실입니다. 자식에게 상처받은 부모도 많지만 부모에게 상처를 받은 자녀들이 훨씬 더 많습니다. 자녀가 땅에서 잘 되고 장수하는 복을 받기 원하십니까? 자녀에게 효를 가르치십시오. 그러나 가르친다고만 되는 것이 아닙니다. 부모가 도와주어야 합니다. 자녀가 효자가 되어 하나님의 상과 복을 받도록 도와주려면 가장 중요한 것이 있습니다. 자녀에게 상처주지 않는 것입니다. 그래서 하나님은 부모들에게 "너희 자녀를 노엽게 하지 말라"고 말씀하신 것입니다.

자녀를 위해 진자리 마른자리를 갈아주십시오. 그러나 자녀들이 그것을 스스로 알 때까지 절대로 부모 입으로 그것을 말하지 마십시오. 자녀들이 그것을 알아도 그것을 아끼십시오. 자녀와의 다툼과 논쟁에서 승리하기 위해 그것을 써먹지 마십시오. 자녀를 억울하게 하지 마십시오. 한두 번은 몰라도 그것이 누적되면 억울함이 되고 노여움이 되고 상처가 됩니다.

부모를 용서하는 자식

한국의 아이들의 경우 정서적으로 부모를 버리고 떠나기가 쉽지 않습니다. 그런 아이들이 부모에게 억울함을 당하고 상처받으면 갈등이 보통 심해지는 게 아닙니다. 도망갈 수도 없고 같이 살 수도 없고 보통 어려운 일이 아닙니다. 부모들이 도와주어야 합니다. 부모들도 불쌍한 부모들이 많이 있습니다. 하지만 자식들도 불쌍한 자식들이 얼마나 많은지 모릅니다. 정말 견딜 수 없어 부모를 멀리하고 떠나도 부모는 '진자리 마른자리'밖에 모릅니다. "내가 저를 어떻게 길렀는데…"라고 한숨짓는 것밖에 모릅니다. 자녀를 노엽게 하고 억울하게 했다는 사실을 까맣게 모릅니다. 그냥 자녀만 나쁜 놈이 되고 맙니다. 불효자가 되고 마는 것입니다. 자녀가 복 받기 원하시면 자녀가 효자가 될 수 있도록 도와주시기 바랍니다. 효자는 부모가 만든다는 사실을 명심하시기 바랍니다.

이렇게 설교하니 자녀들이 시원하시지요? 그러나 자녀들은 그렇게만 생각해서는 안 됩니다. 우리에게는 하나님을 하나님으로 인정하기 싫어하는 원죄적인 본능이 있다는 것을 알아야 합니다. 그 원죄적인 본능이 부모를 부모로 인정하고 섬기기 싫어하는 본능으로도 역사한다는 사실을 알아야 합니다.

그러므로 제가 드린 말씀을 부모 된 우리들이 서로 조심해야 할 말씀으로 삼으시기 바랍니다. 자녀들이 부모에게 효도하지 않는 핑계로 삼아서는 안 됩니다. 부모에게도 허물이 있고 약점이 있습니다. 하지만 모든 허물과 약점은 그 속에 깊이 들어 있는 사랑과 비교할 수 없습니다. 그 희생과 비교할 수 없습니다.

자녀들은 부모의 희생과 사랑을 늘 인정하실 수 있기 바랍니다. 꼭 기억하기 바랍니다. 그리고 부모를 이해할 수 있기 바랍니다. 불경스러운 표현이 될 수도 있지만 부모를 용서할 수 있기 바랍니다. 그리고 힘없이 늙어가는 부모를 측은히 여길 수 있기 바랍니다. 사랑할 수 있기 바랍니다. 부모님과 화해할 수 있기 바랍니다. 그리고 평생 고생만 하신 부모님들이 편안한 노후를 보내실 수 있도록 도와드리기 바랍니다.

자식 때문에 상처받은 부모도 많지만 부모 때문에 상처를 받은 자식도 많습니다. 부모는 자식에게 상처를 받아도 자식을 용납하고 용서합니다. 마찬가지입니다. 혹 부모로부터 상처를 받는다고 해도 내가 부모에게 상처를 주었을 때 부모가 나를 용납했던 것같이 우리도 부모에게 그렇게 해야 할 것입니다.

하나님은 부모로부터 받은 상처 때문에 부모에게 효도하기 쉽지 않다는 것을 이해하시지만 그렇다고 우리의 불효를 용납하시지는 않는다는 것도 기억하기 바랍니다.

효도는 머리로 하는 것이 아니라 기도로 하는 것입니다. 하나님은 우리들에게 "구하라 찾으라 두드리라"고 말씀하셨습니다. 효도는 기도로 구하고 찾고 두드려야만 하는 중요한 과제입니다. 그만큼 중요하고 어려운 과제이기 때문입니다. 자식이 효도할 수 있도록 도와주는 부모님들이 되실 수 있기 바랍니다. 그리고 부모님께 효도할 수 있도록 기도하고 노력하는 자녀가 되시기 바랍니다. 그래서 하나님이 약속하신 대로 땅에서 잘되고 장수하는 증인의 삶을 사시기 바랍니다.

Chapter 10

사철에 봄바람 부는 가정

아내들이여 자기 남편에게 복종하기를 주께 하듯 하라 이는 남편이 아내의 머리 됨이 그리스도께서 교회의 머리 됨과 같음이니 그가 바로 몸의 구주시니라 그러므로 교회가 그리스도에게 하듯 아내들도 범사에 자기 남편에게 복종할지니라 남편들아 아내 사랑하기를 그리스도께서 교회를 사랑하시고 그 교회를 위하여 자신을 주심같이 하라 ... 그러나 너희도 각각 자기의 아내 사랑하기를 자신같이 하고 아내도 자기 남편을 존경하라 자녀들아 주 안에서 너희 부모에게 순종하라 이것이 옳으니라 네 아버지와 어머니를 공경하라 이것은 약속이 있는 첫 계명이니 이로써 네가 잘 되고 땅에서 장수하리라 또 아비들아 너희 자녀를 노엽게 하지 말고 오직 주의 교훈과 훈계로 양육하라 **엡 5:22-6:4**

하나님께서는 엿새 동안 천지만물을 창조하셨습니다. 하나님이 창조하신 세상을 보면 대략 다음과 같은 순서로 지어진 것을 알 수 있습니다.

첫째는 빛과 물 그리고 하늘과 땅 같은 자연입니다.

둘째는 식물입니다.

셋째는 동물입니다.

넷째는 사람입니다.

하나님의 창조의 순서에는 중요한 이유와 까닭이 있습니다. 하나님께서 먼저 자연을 창조하신 것은 그 다음에 창조하실 식물을 위함이요, 하나님께서 먼저 자연과 식물을 창조하신 것은 그 다음에 창조하실 동물을 위함이요, 하나님께서 먼저 자연과 식물과 동물을 창조하신 것은 그 다음에 창조하실 사람을 위함입니다.

여기서 우리는 하나님께서 좀더 중요한 것을 나중에 창조하셨다는 사실을 알 수 있습니다. 이런 의미에서 볼 때 하나님의 창조에서 가장 중요한 피조물은 여자입니다. 하나님께서 가장 마지막에 창조하신 것이 바로 여자이기 때문입니다. 물론 성경에 보면 하나님께서 아담을 위해 하와를 돕는 배필로 창조하셨다는 말씀이 나옵니다. 그것은 하나님께서 여자를 남자를 위해 만드셨다는 뜻입니다. 그리고 그것은 매우 중요한 원칙입니다.

그러나 하나님의 창조 순서와 그 순서의 중요성을 놓고 보면 하나님은 여자를 위해 남자를 먼저 창조하셨다는 의미도 찾아낼 수 있을 것입니다. 더욱이 남자와 여자는 누가 누구를 일방적으로 섬기는 구조가 아니라 서로가 서로를 섬기는 쌍방의 섬김 구조라는 사실도 발견할 수 있습니다.

일이 우선이 아니라 가정이 우선입니다

하나님께서 가장 마지막으로 창조하신 것은 가정입니다. 아담을 위해 하와를 그리고 하와를 위해 아담을 창조하심으로써 하나님은 가정을 창조하셨습니다. 하나님의 가장 귀한 창조는 에덴이 아니라 가정입니다. 하나님께서 아담에게 그 아름다운 에덴을 다 맡겨주셨지만 아담은 행복해하지 않았습니다. 하나님께서 그에게 아내를 주시고 가정을 만들어주셨을 때 그는 비로소 행복했습니다. 여기서 우리는 또 한 가지 매우 중요한 사실을 발견하게 됩니다. 그것은 가정이 에덴보다 인간에게 더 중요하고 귀하다는 사실입니다.

아무리 에덴과 같이 아름답고 풍족한 세상에 산다고 해도 가정이 흔들리거나 깨진다면 그 사람이 느끼는 불행은 말로 다 할 수 없는 것입니다. 반대로 세상이 흔들리고 어려워진다고 해도 가정이 든든하고 사랑으로 하나 되어 있다면 그것을 능히 이겨낼 수 있고 한걸음 더 나아가 능히 행복한 삶을 이룰 수 있게 될 것입니다.

목회는 제게 너무나 소중한 일입니다. 목회는 저의 소명입니다. 삶의 의미요 목적입니다. 저는 목회 없는 삶을 생각할 수 없습니다. 목회는 그만큼 제게 소중합니다. 그런데 그 목회보다 더 소중하고 귀한 것이 있습니다. 그것은 바로 가정입니다.

저는 신학대학 졸업반이 되었을 때 결혼했습니다. 이제까지 살아오면서 가정에 어려움이 있었던 때가 있었고 목회에 어려움이 있었던 때가 있었습니다. 더 정확히 말씀드리면 목회에는 어려움이 있었으나 가정은 안정적이고 사랑으로 하나가 되었던 때가 있었고, 목회는 안정되고 발전했지만 가정이 안정되지 않아 심각하게 흔들렸던 때가 있었습니다.

결론부터 말씀드리면 이렇습니다. 목회가 안정되고 가정이 흔들렸을 때, 흔들리는 가정 때문에 안정적이던 목회도 결국은 흔들렸습니다. 가정적으로 가장 어려웠을 때는 당시 성공적이었고 저에게는 생명과도 같았던 목회를 포기하려고까지 했습니다. 가정이 흔들리자 도저히 목회를 할 수가 없었습니다. 그러나 목회가 아주 힘들고 어려울 때도 가정이 안정되고 사랑으로 하나 되었을 때 평안한 가정 덕분에 힘든 목회 문제를 수습하고 안정을 되찾을 수 있었습니다.

입시보다 더 공부해야 할 가정생활

러시아 격언에 이런 것이 있습니다.

"사랑하는 아들이 배를 타고 항해를 하게 되거든 그 아들을 위해 하루에 한 번씩 기도하라. 사랑하는 아들이 전쟁에 나아가 전투를 하게 되거든 그 아들을 위해 하루에 두 번씩 기도하라. 그러나 그 사랑하는 아들이 결혼해서 가정을 꾸미게 되거든 그 아들을 위해 하루에 세 번씩 기도하라."

이 격언에서도 가정이 얼마나 중요한 곳인지 배울 수 있습니다. 가정은 하나님이 우리에게 허락해주신 가장 소중한 축복이라는 사실을 꼭 기억하기 바랍니다.

가정을 지키고 가정을 복되게 하기 위해 우리는 최선을 다해야 합니다. 우리는 학교에서 좋은 성적을 얻기 위해 그리고 사업에 성공하고 직장에서 인정받기 위해 피나는 노력을 합니다. 그것은 옳은 일입니다. 귀한 일입니다.

그러나 우리는 그보다 훨씬 중요한 가정을 위해 공부하지 않고 노력하지 않습니다. 그러다가 큰 낭패를 보는 사람들이 얼마나 많은지 모릅니다. 성적을 위해 그리고 직장과 사업에서 성공하기 위해 노력하는 그 이상의 노력을 가정에 쏟아야만 합니다.

사랑과 질서

우리 가정을 사철에 봄바람이 부는 것 같은 가정으로 만드는 데는 무엇이 필요할까요?

첫째, 믿음입니다. 복된 가정의 기초는 믿음입니다. 하나님을 주인으로 섬기고 그분의 말씀을 삶의 원칙으로 삼아 그 말씀대로 순종하며 살려고 하는 믿음이 없이는 행복하고 복된 가정을 꾸밀 수 없습니다.

사철에 봄바람이 부는 것 같은 가정을 이루려면 무엇보다 예수를 잘 믿는 가정이 되어야 합니다. 남편과 아내 그리고 부모와 자녀가 다 예수를 잘 믿는다는 것은 쉽지 않은 일입니다. 그러나 이보다 더 중요한 일이 없기 때문에 생명을 걸고 이 일을 해야 합니다.

남편과 아내, 부모와 자녀 온 식구가 예수만 섬기는 가정이 되기 위해 힘쓰고 노력해야만 합니다. 그리고 기도해야만 합니다. 그리고 기필코 그것을 쟁취해야만 합니다. 그것은 행복한 가정을 일구는 데 필수입니다.

둘째, 질서입니다. 복되고 아름다운 가정이 되기 위해 무엇보다 중요한 것은 가정의 질서를 유지하는 일입니다. 가정의 질서를 유지하는 일에서 가장 중요한 것은 하나님이 세우신 권위에 순종하고 복종하는 것입니다. 하나님은 우리들의 가정과 교회 그리고 사회를 질서 있게 하시기 위해 권위를 세우셨습니다. 교회를 질서 있게 하시기 위해 하나님은 당회와 노회 그리고 총회와 같은 권위를 주셨습니다. 교회를 훌륭하고 아름다운 교회가 되도록 하기 위해 우리가 힘써야 할 것 중의 하나는 하나님이 세우신 권위에 복종하고 순종하는 것을 배우는 일입니다.

하나님이 세워주신 권위에 복종하는 것은 제가 생명을 걸고 하려고 하는 개혁만큼이나 중요하다고 저는 믿고 있습니다.

남편이 머리입니다

교회의 질서를 위해 하나님이 세우신 권위가 있듯이 가정의 질서를 위해 하나님이 세우신 권위가 있습니다. 가정의 질서를 위해 우리는 하나님이 세우신 권위를 인정하고 순종하는 것을 배워야만 합니다. 하나님은 가정의 질서를 위해 부모와 남편에게 권위를 주셨습니다. 그리고 자녀와 아내에게 그 권위에 순종하고 복종하라고 말씀하셨습니다. 부모와 남편이라고 언제나 옳은 것은 아닙니다. 그러나 우선 저들의 권위를 인정해주고 저들에게 순종하고 복종하는 것은 절대로 비겁한 일이 아니며 어리석은 일도 아닙니다. 그것은 매우 지혜롭고 훌륭한 일입니다.

아내와 자녀들이 이런 원칙을 받아들여 남편과 부모를 대한다면 정말 훌륭하고 아름다운 가정이 되리라고 확신합니다. 하나님께서 우리에게 주시는 말씀에 귀를 기울일 수 있기 바랍니다.

"아내들이여 자기 남편에게 복종하기를 주께 하듯 하라"(엡 5:22).

"자녀들아 주(主) 안에서 너희 부모에게 순종하라 이것이 옳으니라"(엡 6:1).

사랑이 떠나간다네

셋째, 사랑입니다. 부모와 남편에게 권위를 주셨다고 그것을 남용하거나 함부로 휘둘러서는 안 됩니다. 아내와 자녀들이 복종하지 아니하고 순종하지 아니하는 가장 큰 이유가 바로 여기에 있습니다. 물론 아내와 자녀들에게 불순종의 본능이 없다는 것은 아닙니다. 그러나 저들에게 원칙적으로 부모와 남편의 권위를 인정해주고 순종하려 하는 사랑의 마음이 있다는 것을 알아야 합니다. 남편과 부모가 하나님이 주신 권위를 오해하여 함부로 군림하려 들거나 그 권위를 남용하려고 하기 때문에 아내와 자녀들은 그 권위를 인정하지 않고 불순종하게 되는 것입니다.

그래서 하나님은 모든 남편과 부모에게 이렇게 말씀하십니다.

"남편들아 아내 사랑하기를 그리스도께서 교회를 사랑하시고 그 교회를 위하여 자신을 주심같이 하라"(엡 5:25).

"또 아비들아 너희 자녀를 노엽게 하지 말고 오직 주(主)의 교훈과 훈계로 양육하라"(엡 6:4).

부모와 남편은 아내와 자녀를 사랑해야 합니다. 사랑은 군림하는 것이 아닙니다. 무시하는 것이 아닙니다. 사랑은 무례히 행치 않는다고 성경은 우리에게 분명히 가르쳐주고 있습니다. 아내와 자녀의 인격을 존중해주어야 합니다.

넷째, 떠남입니다. 에베소서 5장 31절에 보면 "그러므로 사람이 부모를 떠나 그의 아내와 합하여 그 둘이 한 육체가 될지니"라는 말씀이 있습니다.

우리나라의 윤리적 뿌리를 이루고 있는 유교는 가정의 중심을 부부에 두지 않고 부모와 자식에 두고 있습니다. 그러나 성경은 가정의 중심을 부부에 두고 있습니다. 그래서 "부모를 떠나 그의 아내와 합하여"라고 말씀하고 있는 것입니다. 그 것은 부모를 무시하라는 말씀이 아닙니다. 부모를 무시하고 아내만 사랑하라는 것이 어떻게 하나님의 가르침일 수 있겠 습니까?

그러나 자식이 장성하여 결혼하게 되면 부모를 떠나야만 합니다. 그리고 떠나게 해주어야만 합니다. 말로 다할 수 없 는 사랑으로 키운 자녀가 어느 날 갑자기 이성(異性)을 만나 게 되고 그 이성을 사랑하게 되어 부모를 잊어버리게 될 때 어 느 부모가 섭섭하지 않겠습니까?

그러나 정말 사랑한다면 놓아주어야만 합니다. 떠나게 해 야 합니다. 자기가 사랑하는 아내와 남편을 마음껏 사랑할 수 있도록 인정해주고 축복해주어야만 합니다. 저는 제 아이 에게 "네가 사랑하는 여자를 인정해주마. 그리고 축복해주마. 그리고 내 며느리로 사랑해주마"라고 약속해주었습니다.

배신감이 들 수도 있습니다

아비 생일을 새까맣게 잊고 넘어가는 아들 녀석이 자기가 사귀는 여자친구의 생일을 잊지 않고 장미를 다발로 보낼 때 배신감이 느껴지지 않는 것은 아닙니다. 하지만 저는 그것을 인정하려고 합니다. 아비 생일을 잊어버린 것은 책망하고 꾸짖어야만 하겠지만 아이가 제 여자친구에게 장미를 보내는 것을 시샘하지 않으려고 합니다. 그것을 건강하고 아름다운 것으로 인정해주려고 합니다. 내 아이들이 나보다 자기 아내와 자식을 더 사랑하는 것을 인정해주려고 합니다.

모든 부모는 자식을 떠나보낼 줄 알아야 합니다. 마음껏 자기 아내와 자식을 사랑할 수 있도록 한걸음 뒤로 물러설 줄 알아야 합니다. 오늘날 많은 부모들이 자식을 떠나보낼 줄 모르기 때문에 어려움을 겪고 있습니다. 하나님이 오늘 우리들에게 주시는 말씀에 귀를 기울일 수 있기 바랍니다. 우리의 생각과 관습에는 아직 잘 맞지 않을는지 모릅니다. 그러나 우리의 생각과 관습이 중요한 것이 아니고 하나님의 말씀이 중요하다는 것을 인식해야 합니다. 하나님은 오늘 우리들에게 "사람이 부모를 떠나 그의 아내와 합하여 그 둘이 한 육체가 될지니"라고 말씀하십니다.

가정은 하나님께서 우리에게 허락해주신 최고의 축복입니다. 가정을 귀히 여길 수 있기 바랍니다. 하나님이 축복으로 주신 소중한 가정을 사철에 봄바람이 부는 가정으로 만들기 위해 최선을 다하시기 바랍니다.

'믿음', '순종', '사랑', '떠남'에 대한 하나님의 말씀을 마음에 깊이 새기고 그 교훈을 따라 하나님이 우리에게 허락해주신 가정을 세상에서 가장 아름답고 행복한 가정으로 만들어나가시기 바랍니다.

사랑하는 아들 정열
그리고 사랑하는 며느리 민혜의 결혼을 주례하며

기쁘고 감사하다. 말로 다할 수 없어. 예쁘고 아름답구나.

세상에서 가장 아름답고 행복한 부부로 살거라.

그게 너희 둘을 향하신 하나님의 뜻이고, 우리 부모들의 뜻이고,

너희 결혼식에 참석하신 모든 분의 한결같은 뜻이기 때문이다.

살아보니 세상에 힘든 것이 사는 것이더라.

오죽 사는 것이 힘들면 천하에 권력과 재력을 가지고

천하를 호령할 것 같던 사람들이 사는 것을 포기하고 죽겠니?

힘든 일 중에도 가장 힘든 일이 있더라.

그것은 행복하게 잘 사는 것이더라.

행복하게 잘 사는 것은 그 무엇으로도 불가능하더라.

돈으로도, 명예로도, 권력으로도, 지식으로도….

세상에 있는 그 어떤 것으로도 불가능하더라.

돈과 명예와 권력과 지식을 무시하고 부정할 것은 없다.

그것도 나름 귀하고 쓸데가 있고 또 잘 쓸 수도 있기 때문이다.
그러나 그것을 가지고 행복하게 잘 살 수 있을 것이라는
생각은 처음부터 버리거라. 그것으론 안 되더라. 택도 없더라.

성경은 "오직 의인은 믿음으로 말미암아 산다" 하신다.
사는 것, 행복하게 잘 사는 유일한 길은 믿음이다.
그러니 세상에서 예수를 가장 잘 믿는 사람이 되거라.
예수를 가장 예쁘게 그리고 열심히 믿는 사람이 되거라.
예수를 믿는 믿음에 생명을 거는 사람과 같이 믿거라.
그 믿음에 올인하거라. 하나님의 말씀을 믿거라.
이해가 되면 이해하고 믿고, 혹 이해가 안 될 때도 많지만
이해가 안 될 때도 그냥 믿거라.
아비가 살아보니 하나님이 언제나 옳으시더라.
말씀을 불기둥 구름기둥 삼아 가라 하면 가고 서라 하면 서거라.
세상 사람 다 서도 하나님 가라시면 가고,
세상 사람 다 가도 하나님 서라 하면 서거라.

믿음 안에서 늘 소망하며 살거라.
살다 보면 힘든 일이 참 많아. 세상은 둘째치고
사랑하여 결혼한 두 사람 사이에도 힘든 일이 참 많이 생기더라.

그래서 참 많은 사람들이 세상도 포기하고
사랑도 포기하고 가정도 포기하더라. 그러나 너희들은
어떤 일이 생기더라도 절망하지 말아라. 포기하지 말아라.
세상에 대해서도 절망하지 말고
서로에 대해서도 절망하지 말아라.
서로에 대해서도 절대 포기하지 말아라.

소망은 희망적인 자리와 환경에 필요한 것이 아니라
절망적인 자리와 환경에 필요한 것이란다.
세상 사람들이 다 절망하고 포기하는 일과 상황이
너희에게 닥친다고 하여도 너희들은 세상과 서로에 대한
소망과 희망을 포기하지 말거라.
죄로 말미암아 어그러지고 변질된 세상과 사람이기에
절망스러운 부분이 많지만 잊지 말아라.
그 세상과 그 사람을 하나님이 창조하신 것이라는 것을….
포기하지 않고 믿어주면 세상도 사람도
그 하나님이 창조하신 그 본질을 나타내더라.
그러니 끝까지 믿어주고 포기하지 말아라.
늘 기대하며, 소망하며 살거라.

사랑하며 살거라.

사랑에 자신 갖지 말거라. 사랑의 소원은 있으나 사랑의 능력은

없다는 사실을 빨리 인정하거라. 사랑하고 사랑받기 위하여

공부하고 노력하고 훈련하고 기도하는 사람이 되거라.

아비는 사랑에 대한 하나님의 말씀인 고린도전서 13장이 참 좋더라.

사랑한다면 참거라. 오래 참거라. 모든 것을 참거라. 많이 참거라.

그리고 견디거라. 성내지 말거라.

혹시 성을 내었더라도 해가 질 때까지 품지 말거라.

사랑한다면 무례하지 않도록 조심하거라.

서로를 늘 존중하며 존경하며 살거라.

상대방의 인격과 자존심을 건드리지 않도록 조심하거라.

실수하여 그것을 건드렸거든 무조건 인정하고 빨리 사과하거라.

사랑이 흔들릴 때, 사랑에 위기가 찾아올 때

고린도전서 13장을 찾아 어디서 문제가 생겼는지 찾아보거라.

그리고 그것을 회복하기 위하여 기도하고 노력하거라.

그리하여 오늘보다 내일, 내일보다 모레 더 사랑하며 살거라.

세상에서 가장 행복하고 아름다운 부부가 되거라.

세상에서 가장 잘 사는 사람들이 되거라.

그 사랑과 행복이 넘쳐 너희들을 아는 모든 사람을

행복하게 해주는 사람이 되거라. 너희 부부를 만나는 모든 사람이
너희 부부 때문에 복을 받게 해주거라.
하나님의 기쁨이 되거라. 하나님의 자랑이 되거라.
하나님의 영광이 되거라.
하나님께서 땅의 기름지고 풍성한 것으로,
그리고 하늘의 아름답고 놀라운 것으로 늘 너희들을 축복해주시며,
낮에는 구름기둥으로 밤에는 불기둥으로
너희들의 삶을 인도해주시기를 기도한다.

사랑하는 아들 정열아.
사랑하는 며느리 민혜야 사랑하고 축복한다.
아비는 오늘 너무 기쁘다.

2009년 6월 6일
사랑하는 막내아들과 며느리를 주례하며 아비가

사랑하는 아들 지열이
그리고 사랑하는 며느리 윤희 결혼을 주례하며

윤희야 그리고 지열아, 너희들의 결혼을 축하한다.
얼마나 기쁜지, 얼마나 감사한지, 얼마나 꿈 같은지 모르겠다.
엄마 아버지의 기대보다 10년 정도는 늦은 결혼인 거 알지?
우리 집안 남자 중에 네 나이에 장가간 사람 없다는 거 알지?
너희 형 26, 너희 아버지 27, 너희 동생 28, 너 38.
윤희 너도 그런 거 알지?
그러니 곱절로 열심히 살거라. 곱절로 사랑하며 살거라.
곱절로 행복하게 살아라. 잘 살아라.

성경에 '잘 사는 법'이 나와 있더라.
로마서 1장 17절, "오직 의인은 믿음으로 말미암아 살리라."
'오직 믿음', 잘 사는 법은 단 하나.
그래서 '오직', '믿음'이란다.
그러니 지열아 윤희야, 마음을 다하고 뜻을 다하고
정성을 다하여 예수를 잘 믿거라.

예수 믿는 일에 생명을 걸거라. 그게 잘 사는 길이란다. 유일한.

예수를 잘 믿는다는 건 시편 128편에 보니
'여호와를 경외하며 그 도에 행하는 것'이더라.
그러므로 믿음은 여호와를 경외하는 것이며
여호와를 경외하는 것은 그 도에 행하는 것을 의미하는 것이란다.

지열이 너 기억나니? 아빠가 너희들 어렸을 때
정확히 2003년도에 내가 너희들에게 하는 유언이라며
요한복음 14장 6절 말씀을 이야기했던 거.
예수님이 길이니 딴 길 가지 말고 그 길로만 가라고 했던 거.
그때 네가 내게 물었었지.
"그걸 어떻게 알아요? 예수님이 길이라는 걸 어떻게 알 수 있어요?"
그때 아빠가 네게 이렇게 이야기했었지.
"아빠가 가봤잖아?"
그때 네가 금방 "맞아 아빠가 가본 거 맞아"라며
아빠의 말을 인정해줬었지.
당연히 완전하지는 못했지만 정말 아빠는 목사여서가 아니라
예수를 믿는 사람으로서 예수를 제대로 잘 믿어 보려고 했었어.
완전하지도 못했는데 그 마음을 보시고 하나님이 인정해주셨지.

그리고 본문의 말씀인 시편 128편에 약속된
모든 축복을 아빠에게 주셨지.
"여호와를 경외하며 그 도에 행하는 자마다 복이 있도다."

"네가 손이 수고한 대로 먹을 것이라 네가 복되고 형통하리로다."
아버지는 정말 지금까지 손이 수고한 모든 일이 형통하지 않았니?
물론 과정 중에 힘들고 어려운 일들이 없었던 것은 아니지만
결국 모든 일들이 다 잘되지 않았니?
지열아, 윤희야. 너희들도 이 복 받거라.

"네 집 내 실에 있는 네 아내는 결실한 포도나무 같으며."
올해 엄마 아빠 결혼 40주년 아빠는 정말 네 엄마를
결실한 포도나무라고 생각해. 정말로 그렇게 생각하지.

"네 상에 둘린 자식은."
부모 자식 간의 사이가 서먹서먹한 집이 얼마나 많니?
그런데 우리 집 괜찮지 않니?
우리 집 아들과 엄마 아빠 사이 이 정도면 최고 아니니?
엄마 아빠와 며느리 사이 이만하면 최고 아니니?
손주 다섯, 첫째 손녀 민희는 벌써 사춘기에 들어섰지만

엄마와 아빠와 다섯 손주들 사이 이만하면 거의 완벽한 거 아니니?
지열아, 윤희야. 너희들도 이 복 받거라.

"어린 감람나무 같으리로다."
감람나무 열매는 아주 쓸모 있는 나무야. 열매와 기름은 식용이지.
그것도 아주 좋은 그리고 귀한. 성전의 등은 감람나무 기름만 썼었대.
그리고 열매와 기름은 약용으로도 썼었대.
그러므로 "어린 감람나무 같으리로다"라는 축복은
자식에 대한 축복이야. 너희들 다 잘되지 않았니?
이미 받았고 앞으로 자자손손 아빠는 이 복을 받을 거야.
지열아, 윤희야. 너희들도 이 복 받거라.

이 복의 유일한 조건절. "여호와를 경외하며 그 도에 행하는 자마다."
하나님을 경외하여 그 길로 행하며 살라는 말씀, 그것밖에 없어.
다시 말해 예수 잘 믿으라는 말씀이야.

지열아, 윤희야. 예수 잘 믿어야 해.
그냥 건성으로 대충대충 믿으면 안 돼.
인생을 걸어, 생명을 걸어. 예수님께. 그분의 말씀 앞에.
마음을 다하고, 정성을 다하고, 뜻을 다해서, 예수를 믿어.

지열아, 윤희야. 다시 한번 너희들의 결혼을 축하한다.

애비가 말도 못 하게 말도 못 하게 기쁘다. 장가 가줘서 고맙다.

윤희야, 우리 지열이에게 시집 와주어서 고맙다.

내 둘째 며느리가 되주어서 고맙다.

잘 살아라. 예쁘게 살아라. 행복하게 살아라.

너희들이 잘사는 게 너희들뿐만 아니라 부모에게도 큰 복이란다.

행복이란다. 그러니 잘 살아라. 아멘.

2017년 12월 10일
사랑하는 둘째아들과 며느리를 주례하며

자식의 은혜를 아는 부모

초판 1쇄 발행   2001년 4월 25일
초판 39쇄 발행   2009년 8월 17일
개정판 1쇄 발행   2022년 5월 31일
개정판 3쇄 발행   2023년 7월 15일

지은이   김동호

펴낸이   여진구
책임편집   이영주
편집   박소영 최현수 안수경 김도연 김아진 정아혜
책임디자인   노지현 | 마영애 조은혜 이하은
홍보 · 외서   진효지
마케팅   김상순 강성민   마케팅지원   최영배 정나영
제작   조영석   경영지원   김혜경 김경희 이지수

303비전성경암송학교 유니게 과정   박정숙
이슬비전도학교 / 303비전성경암송학교 / 303비전꿈나무장학회

펴낸곳   규장

주소 06770 서울시 서초구 매헌로 16길 20(양재2동) 규장선교센터
전화 02)578-0003   팩스 02)578-7332
이메일 kyujang0691@gmail.com   홈페이지 www.kyujang.com
페이스북 facebook.com/kyujangbook   인스타그램 instagram.com/kyujang_com
카카오스토리 story.kakao.com/kyujangbook
등록일 1978.8.14. 제1-22

ⓒ 저자와의 협약 아래 인지는 생략되었습니다.

책값 뒤표지에 있습니다.
ISBN 979-11-6504-329-2 03230

규 | 장 | 수 | 칙

1. 기도로 기획하고 기도로 제작한다.
2. 오직 그리스도의 성품을 사모하는 독자가 원하고 필요로 하는 책만을 출판한다.
3. 한 활자 한 문장에 온 정성을 쏟는다.
4. 성실과 정확을 생명으로 삼고 일한다.
5. 긍정적이며 적극적인 신앙과 신행일치에의 안내자의 사명을 다한다.
6. 충고와 조언을 항상 감사로 경청한다.
7. 지상목표는 문서선교에 있다.

하나님을 사랑하는 자 곧 그의 뜻대로 부르심을 입은 자들에게는 모든 것이 合力하여 善을 이루느니라(롬 8:28)

규장은 문서를 통해 복음전파와 신앙교육에 주력하는 국제적 출판사들의 협의체인 복음주의출판협회(E.C.P.A:Evangelical Christian Publishers Association)의 출판정신에 동참하는 회원(Associate Member)입니다.